L'UNIFICATION INTERNATIONALE

DU

DROIT PRIVÉ

PAR

René DEMOGUE
PROFESSEUR A LA FACULTÉ DE DROIT DE L'UNIVERSITÉ DE PARIS

Leçons faites à la Faculté de droit de l'Université
de Buenos-Ayres

PARIS
LIBRAIRIE ARTHUR ROUSSEAU
ROUSSEAU & C°, Editeurs
14, RUE SOUFFLOT, ET RUE TOULLIER, 13 (Ve)

1927

L'UNIFICATION INTERNATIONALE

DU

DROIT PRIVÉ

L'UNIFICATION INTERNATIONALE

DU

DROIT PRIVÉ

PAR

René DEMOGUE

PROFESSEUR A LA FACULTÉ DE DROIT DE L'UNIVERSITÉ DE PARIS

Leçons faites à la Faculté de droit de l'Université
de Buenos-Ayres

PARIS
LIBRAIRIE ARTHUR ROUSSEAU
ROUSSEAU & Cº, Editeurs
14, RUE SOUFFLOT, ET RUE TOULLIER, 13 (Vᵉ)

1927

AVERTISSEMENT

Appelé au mois d'août et de septembre 1925 à faire des conférences à la Faculté de droit de l'Université de Buenos-Ayres, j'ai étudié devant l'auditoire distingué composé de professeurs, de magistrats, d'avocats et d'étudiants, le mouvement actuel vers l'unification internationale du droit privé et la mesure dans laquelle il est possible que celui-ci réussisse à notre époque. Je dis à notre époque, car évidemment nous ne pouvons préjuger de ce qui se passera dans plusieurs siècles. J'ai voulu tout au moins décrire un mouvement très intense à l'heure actuelle et au sujet duquel se présente une des missions les plus hautes des jurisconsultes, montrer que l'on pouvait choisir dès maintenant une voie prudemment novatrice entre le scepticisme et des espérances quant à présent exagérées, surtout que si celles-ci étaient suivies d'un échec, il en résulterait un contre-coup fâcheux pour la réussite de ce qui peut être utilement tenté. Ces conférences sont ici publiées à peu près telles qu'elles ont été prononcées. De là un certain nombre d'allusions au droit argentin et à la situation de ce grand pays si proche de nous par les idées et que je ne puis me rappeler sans penser aux éminents collègues et amis que j'y ai laissés et qui m'y ont rendu mon séjour si agréable.

Paris, 27 février 1927.

INTRODUCTION

Le problème de l'unification internationale du droit privé présente ces deux caractères assez opposés. D'un côté il est tout à fait actuel et depuis un demi-siècle des efforts notables, parfois couronnés de succès, ont été faits en vue d'unifier certains points du droit privé. Mais en même temps l'attention n'a pas été attirée sur cette question en tant que problème général dont la réponse comporte certaines limites, pour la solution duquel certaines méthodes doivent être employées, où les conséquences des résultats espérés doivent être examinées à raison des nouvelles questions qu'elles poseront. On a en fait touché à des questions très générales un peu comme M. Jourdain faisait de la prose.

Avant d'aborder le fonds du débat il faut indiquer l'intérêt qu'il y a à l'ouvrir, les idées générales qu'il met en jeu et la méthode suivant laquelle un exposé doit se dérouler pour arriver à des conclusions sérieuses.

L'intérêt du problème est indiscutable, même pour le non juriste. Les relations juridiques entre personnes de différents pays se présentent souvent dans des conditions de simplicité telles que des questions de droit n'ont pas l'occasion de se poser, ou si elles se posent elles ont l'avantage d'être résolues de même par les différentes législations auxquelles on peut songer pour en faire l'application. Il est donc souvent inutile de se préoccuper de l'unification du droit. En fait d'ailleurs bien des difficultés s'arrangent dans le commerce par des ententes amiables. Mais une pareille objection ne pourrait satisfaire qu'un esprit superficiel. En droit interne aussi se présentent des quantités d'affaires où on ne songe même pas à la règle de droit, et bien des difficultés s'arrangent à l'amiable. Mais il n'y a personne qui ignore qu'une partie des situations juridiques qui se présentent est suffisante pour absorber l'activité de nombreux tribunaux et hommes de loi. Il en est de même dans les relations internationales, la variété des lois des divers Etats crée d'ailleurs ici des difficultés supplémentaires.

Ces conflits vont naturellement en augmentant à mesure que se développe le commerce international. Or celui-ci s'est accru et parait devoir s'accroitre dans de grandes proportions. Les découvertes modernes ont singulièrement rétréci le monde. Toutes les nations ne sont pas aptes à produire tout ce qu'elles consomment. Chaque Etat fait appel soit pour ses besoins les plus importants, soit pour son luxe à des quantités de produits étrangers venant même des pays les plus lointains. De même que la France fait appel aux produits naturels de l'Argentine : à ses blés en cas de récolte déficitaire, à la laine de ses immenses troupeaux, à ses viandes frigorifiées, à ses bois de quebrachos, l'Argentine peut grâce à ses richesses acquérir de l'Europe des quantités de produits manufacturés. Son commerce extérieur s'est presque constamment accru. Les difficultés juridiques qu'il soulève ont grandi dans les mêmes proportions. Ce point ne peut laisser un juriste, ni un homme d'affaires indifférent.

Il doit en être ainsi spécialement dans un grand port comme Buenos-Ayres par où passent une grande partie des exportations et des importations de l'Argentine. D'une façon spéciale les grands ports de mer sont plus intéressés que d'autres localités par des questions de ce genre et ce n'est pas par un pur hasard que de nombreux congrès où l'on étudiait des questions d'unification du droit se sont tenus dans de grandes villes maritimes.

Les problèmes juridiques de caractère international ne peuvent laisser indifférents à une époque où on se rend compte que la pratique des affaires doit se doubler d'une véritable science des affaires où le droit a sa place à côté de nombreux ordres d'études comme l'économie politique, la géographie économique, etc. Le développement des Ecoles commerciales, la création de Facultés des sciences économiques comme dans la République Argentine, répondent à cette idée. On admet que le triomphe dans la lutte pacifique entre les pays civilisés résultera de la perfection avec laquelle sera étudié et résolu le problème du développement de la production et du commerce.

Le débat qui peut s'élever au sujet de l'unification du droit peut donc s'ouvrir sur la donnée suivante. En quoi la solution de ce problème est-elle de nature à contribuer à un développement juridique et par suite à un développement économique de l'Argentine en conformité avec ses intérêts et ses traditions?

En posant ainsi le problème, je crois me conformer à une tradition que des étrangers ont constaté avant moi. Quand un Français va au dehors pour y exercer une fonction, me disait l'un d'eux, il s'occupe de faire le bien du pays où il se trouve. Ayant l'honneur d'être pour quelques mois l'hôte de l'Argentine, je souhaiterai pouvoir être de quelque utilité, si faible soit-elle, pour le développement juridique déjà si grand de ce pays.

La question de l'unification internationale du droit met en jeu de graves discussions psychologiques et économiques. Elle soulève le point de savoir si, en dépit des différences résultant de la race, du développement général ou spécial à certains côtés de leur civilisation, les similitudes sont suffisantes entre les peuples pour que plusieurs d'entre eux soient aptes à supporter sur certains points le joug des mêmes lois, ou si au contraire les diversités de civilisations les condamnent à adopter des lois différentes (1). Il s'agit au fond de savoir si les variétés dans les conditions physiques, économiques et sociales des différents pays les mettent complètement dans l'impossibilité d'adopter le même droit sur un point quelconque. Mais ce qu'il y a ici de curieux à noter, c'est que toute unification internationale repose sur la similitude des situations et la solidarité qui en dérive, et que cependant nous verrons plus loin qu'elle a pour objet partiel tout au moins de favoriser les échanges internationaux. Or ceux-ci dérivent surtout de la différence de production entre les divers pays, c'est-à-dire d'une division du travail social (2) : les uns fournissant au dehors certains produits agricoles ; d'autres, divers produits manufacturés.

(1) V. déjà en ce sens MONTESQUIEU, *Esprit des lois*, livre XIV, chap. I et livres XIV à XXV.

(2) V. sur ces deux formes de solidarité DURKHEIM, *Division du travail social*, livre I, chap. II et suiv.

Mais la complexité des problèmes sociaux doit empêcher de s'étonner d'une pareille combinaison entre deux formes de la solidarité.

La question de l'unification est aussi un aspect spécial de la lutte entre les tendances nationales et internationales dans la vie sociale. D'un côté les Etats, et spécialement les Etats jeunes comme l'Argentine, ont la préoccupation parfaitement légitime de maintenir et de développer ce qui est national, de créer et d'accroître entre des personnes d'origines diverses une communauté d'idées, de sentiments, d'habitudes, qui est nécessaire pour assurer le lien social, pour accroître le désir de chacun de collaborer au développement profitable à tous de l'activité nationale. Cette préoccupation est rationnelle, car l'organisation de communautés nationales bien organisées, je dirai même une certaine rivalité pacifique entre elles, est le plus sûr moyen de développement d'une haute civilisation mondiale.

En même temps cet esprit nationaliste qui pousserait à adopter un droit spécial au pays, en s'occupant peu de ce qui se fait à l'étranger, doit se concilier avec des rapports internationaux de plus en plus fréquents qui sont indispensables pour le progrès matériel et moral de la Nation. Ceci ne doit pas étonner. Les idées qui servent de base à une théorie sociale ne sont pas d'une telle force qu'elles ne doivent dans certains cas laisser place à l'application de théories toutes différentes qui ont aussi leurs bases sérieuses. On a prétendu (1) que c'était vouloir des choses

(1) Guglielmo Ferrero, Conférence faite à Paris en 1915.

contradictoires : que dans l'antiquité il y avait eu des civilisations ayant un caractère national très prononcé, chaque cité ayant ses lois, ses mœurs, ses dieux. Au contraire le moyen âge a vu se développer dans la chrétienté une civilisation d'un caractère international : de nombreux peuples ayant le même droit : le droit romain, la même religion, et l'idée de patrie étant beaucoup moins développée. Le monde moderne aurait voulu poursuivre à la fois ces deux buts opposés : développer un fort esprit national et accroître la vie internationale. Mais il nous semble que les civilisations les plus hautes sont en même temps les plus complexes et celles qui arrivent à tenir compte d'un plus grand nombre d'idées. Ainsi il nous paraît qu'on ne peut obtenir le progrès que par une série de conciliations continuelles entre un certain nombre de théories divergentes, conciliations perpétuellement revisables à raison des données nouvelles qui se présentent et des perfectionnements que l'esprit humain peut réaliser en combinant diverses idées (1). Le droit apparaît donc comme devant réaliser à la fois des tendances nationales et internationales. C'est ce qui a été compris dans divers Etats. L'Argentine où les lois sur la nationalité, l'éducation, ont un caractère national si accentué, a participé à de nombreuses conférences tendant à des mesures d'unification internationale du droit et a ratifié des conventions en ce sens.

L'unification internationale du droit, comme d'ailleurs l'unification de la solution du conflit des lois apparaît

(1) C'est ce que M. Ferrero recherche lui-même dans sa Conférence : Quantité et Qualité où il montre la nécessité de concilier ces deux facteurs dans la civilisation. — V. du même auteur, *La guerre européenne*, p. 57.

comme se rattachant à l'idée de sécurité qui est un des ressorts particulièrement importants de la vie juridique. C'est donner sécurité à une personne que de faire que son droit soit réglé de la même façon, qu'on l'apprécie d'après les lois de son pays ou d'après celles d'un pays étranger. C'est en même temps l'encourager à agir, car on agit plus volontiers lorsque l'on sait que les droits que l'on acquiert conduiront à des résultats plus certains.

Cette sécurité résultant de l'unification du droit se comprend mieux si, en jetant un coup d'œil sur l'histoire, on la rapproche de celle résultant d'un système uniforme de solution du conflit des lois. Au moyen âge, lorsqu'une affaire se présentait devant un tribunal et qu'on pouvait hésiter entre l'application de plusieurs lois, des marchandises ayant été vendues à l'étranger par exemple, le juge appliquait sa propre loi et aucune autre. Ce système de territorialité absolue de la loi enlevait toute sécurité dans les relations avec les autres pays. Comme on ne savait pas toujours à l'avance devant quel tribunal un procès pourrait s'élever, on ne savait pas davantage quelle règle de droit serait appliquée à un contrat.

Un premier progrès fut réalisé lorsqu'on admit la théorie des statuts dont Bartole et ses disciples furent les promoteurs. Celle-ci posa ce principe que dans les procès où le juge pouvait hésiter entre l'application de sa propre loi et celle d'une loi étrangère, il devait parfois appliquer cette dernière. Ainsi il devait apprécier la forme d'un acte d'après la loi du lieu où il était passé, cette loi fut-elle différente de la sienne.

Cette solution pouvait procurer une certaine sécurité à

celui qui passait un acte. Plusieurs Etats peuvent en effet admettre les mêmes solutions en matière de conflits de lois, par exemple accepter la règle : *locus regit actum*. Les contractants savent alors que, quelque soit le juge saisi, quelques soient les différences entre les lois au point de vue de la forme des actes, la validité de leur convention sera appréciée d'après la même règle : celle du lieu de naissance de l'acte.

Mais ce n'est là qu'une possibilité, une heureuse coïncidence. Chaque Etat a son système de solutions du conflit des lois. L'un peut régir la capacité des personnes par la loi nationale, l'autre par la loi du domicile. Dans ce cas l'insécurité renaît.

On a pour cette raison essayé à une époque récente d'unifier la solution du conflit des lois. On y est parvenu en certaines matières par les Conventions de La Haye des 12, 13 et 17 juin 1902 et du 17 juillet 1905 sur le mariage, le divorce, la tutelle et les majeurs. En Amérique du Sud, le congrès de Montévidéo a établi en 1890 une série de traités réglant les conflits de lois sur des points nombreux.

Mais si ces traités peuvent aussi bien que l'unification du droit privé lui-même donner la sécurité, le second procédé est de beaucoup supérieur. La sécurité n'est pas la seule base du droit. Le besoin de clarté, de simplicité est aussi une idée fondamentale, car il répond à un des besoins de notre esprit, peut-être à son insuffisance. Il existe d'autant plus que nos sociétés doivent pour progresser être plus complexes, plus savantes. Cette complexité des institutions ne peut cadrer avec la construction de notre esprit, qu'autant que par un effort constant nous éliminons du monde extérieur les complications inutiles. C'est ce besoin de simplifier et en même temps et surtout, de donner plus de sécurité par un droit plus facile à connaître qui a poussé à l'intérieur des Etats à la codification : celle-ci substituant à une série de textes difficiles à retrouver une série méthodique de solutions faciles à consulter (1). Dans les relations internationales, il suscite l'idée de l'unification du droit. Celle-ci consiste en ce que la même règle de droit s'appliquera dans un certain nombre de pays sur un point donné de sorte que tout se passera à ce point de vue comme s'ils ne constituaient qu'un seul territoire (2). Ainsi on admet partout l'action en garantie de l'acheteur contre le vendeur à raison des défauts de la chose vendue. Mais quelles exceptions comporte cette règle ? Dans quels délais peut-on réclamer ? L'unification consistera à admettre les mêmes règles dans tous les pays. Par suite une marchandise étant vendue d'Argentine en France ou de France en Italie, ce sera toujours la même solution qui s'appliquera. L'exportateur des différents pays ayant établi entre eux l'unification n'aura plus qu'à appliquer une seule loi : la sienne. Il ne sera pas exposé suivant les cas à se voir appliquer les lois de nombreux pays étrangers. Il n'a à en observer qu'une seule. Sous ce régime, le droit s'adapte véritablement aux nécessités pratiques.

Ces résultats sont particulièrement importants en ma-

---

(1) V. Portalis, Discours préliminaire, Fenet I, p. 466.

(2) V. sur la simplification, Demogue, *Notions fondamentales du droit privé*, p. 66 et suiv.

tière de contrats. Dans cette matière fondamentale pour le commerce international, les controverses au point de vue du conflit des lois sont des plus abondantes et même si elles prenaient fin, il n'y a pas de matières où des lois plus nombreuses auraient l'occasion d'intervenir suivant les cas : loi nationale de chaque contractant, loi du lieu de formation du contrat, loi du lieu d'exécution, etc. Nulle part les distinctions ne sont plus nombreuses.

Ainsi le terrain sur lequel l'unification doit être étudiée et doit être essentiellement celui de l'utilité pratique. Par là même nous mettons au second rang ou nous repoussons deux conceptions possibles de l'unification. Celle-ci peut apparaître comme répondant à un besoin de notre esprit particulièrement développé chez les peuples latins : le désir de simplicité. Mais ce désir d'uniformité, en dehors des avantages pratiques qu'il présente dans certains cas, ne doit pas être considéré comme essentiellement bon en soi. Etant donné l'imperfection de l'esprit humain et une certaine nature des choses qui ne se prête que très incomplètement aux aspirations de l'homme, il est nécessaire d'essayer nombre de solutions pour avoir un résultat suffisamment acceptable. Tenter ces essais, c'est réaliser des combinaisons diverses, ce peut être un progrès, au contraire l'uniformité peut être la stagnation, elle peut pousser l'esprit à s'endormir dans la quiétude du médiocre sans horizon. L'unité et la diversité qui sont comme deux pôles opposés vers lesquels tendent les œuvres humaines doivent être considérées à la fois. Il faut tenir compte de chacun dans la mesure où cela est utile. Ce qui fait une civilisation, c'est précisément la prise en considération d'un grand nombre d'idées diverses que l'on cherche à combiner, à chacune desquelles on fait la place utile. Les grandes civilisations, comme la civilisation méditerranéenne sont des ensembles complexes, mais par là même mesurés et équilibrés. Leurs arts les plus anciens comme l'art grec ou l'art étrusque en semblent une preuve.

A plus forte raison repoussons-nous cette conception de l'unification qui a pour but d'assurer la domination d'un droit par rapport à celui des autres peuples. L'unification à mon avis devra se faire par concessions réciproques et en appréciant la valeur objective des solutions à adopter. Il faut en matière scientifique se placer au-dessus de la conception étroite et mesquine : que tout le monde adopte les mêmes idées que moi, conception qui n'a pas de base que dans un égocentrisme exagéré et qui ouvre des luttes sans fin.

Par quelle méthode le problème de l'unification peut-il être étudié utilement ? Je dis étudié et non résolu. La question de solution ne viendra en effet que beaucoup plus tard.

Tout problème législatif comporte un élément idéal et un élément expérimental.

Sa solution est toujours proposée à raison d'un certain idéal au moins implicite qui peut être accepté par tous ou par un ensemble de personnes : un parti, des personnes de situation sociale analogue. Ce peut être le désir de favoriser les classes laborieuses, de développer la richesse du pays, etc. En matière d'unification du droit, l'idéal dont on s'inspire n'est pas toujours le même. Dans des circonstances nombreuses, le but poursuivi a été de favoriser le commerce international. C'est ce qui a eu lieu dans les traités pour unifier les transports par la poste ou par chemins de fer. On a voulu aboutir par là à faciliter à chaque pays l'emploi des produits des autres, à augmenter son bien-être. Dans d'autres circonstances, à propos de la législation sociale, les mesures prises pour établir dans divers Etats la même durée du travail, les mêmes précautions d'hygiène ont visé un but humanitaire. On n'a pas voulu que les Etats disposés à améliorer la condition des travailleurs et amenés par là même à produire à un prix plus élevé, fussent placés dans une situation d'infériorité dans la lutte économique vis-à-vis des Etats qui n'auraient voulu prendre aucune mesure de ce genre. L'égalité dans la concurrence ainsi réalisée dans un but humanitaire pourrait aussi être assurée pour éviter entre les producteurs des divers pays une lutte sans merci finalement nuisible à chaque Nation. C'est ainsi que les Etats se sont parfois entendus pour supprimer certaines primes à l'exportation ou pourraient s'entendre pour interdire certains moyens de lutte commerciale comme le dumping.

Enfin l'unification du droit sans viser directement à faciliter le commerce international pourrait chercher seulement à simplifier la situation juridique des personnes résidant à l'étranger : la protection des mineurs, des aliénés étant la même.

Tout problème législatif comporte aussi un aspect expérimental. Comme en matière sociale, on ne peut d'ordinaire tenter de véritables expériences, dont les conséquences seraient trop graves, il s'agit plutôt ici de la méthode d'observation à employer. Celle-ci qui est analogue à celle des sciences naturelles aura pour but de déterminer si un certain idéal peut être réalisé et en même temps de faire voir les diverses méthodes déjà employées pour l'atteindre, méthodes souvent inconsciemment choisies, et leurs valeurs respectives.

Cette méthode d'observation en une matière où les tentatives faites sont volontiers traitées d'utopies, permettra de résoudre une série de questions. Le problème de l'unification du droit répond-t-il à l'heure actuelle à une préoccupation sérieuse dans les milieux juridiques ? Sur quels points s'est dessiné le désir d'une législation internationale et ceux-ci permettent-ils de jalonner la frontière du terrain où l'on peut raisonnablement chercher l'unification ? Par quels moyens celle-ci peut-elle être réalisée. Quelles sont les conséquences de l'unification ? Comment pourrait-on assurer une certaine unité internationale dans l'interprétation des textes et au besoin la revision de ceux-ci ? L'exposé historique que nous ferons pour résumer les faits à utiliser n'aura d'ailleurs pas pour but d'être une étude absolument complète des lois, des traités ou des projets de conventions. Ce serait mettre bout à bout l'étude de matières très disparates. Nous voulons simplement dégager les traits généraux qui peuvent servir à répondre aux diverses questions que nous venons de poser.

Cet exposé historique sera principalement d'histoire contemporaine et cela pour la raison suivante. Les Etats songent évidemment à l'unification interne de leur droit avant de s'occuper de l'unification internationale. Outre qu'on voit mal un Etat cherchant à unifier le droit d'une province avec celui d'un pays étranger, dans les questions juridiques où les progrès sont lents, l'attention est d'abord attirée exclusivement vers l'unification interne par plusieurs motifs. C'est un moyen pour mieux assurer l'unité politique d'un pays. C'est ainsi qu'au XIXe siècle la question de l'unification du droit civil s'est présentée en France, en Italie, en Allemagne et qu'à l'heure actuelle elle se présente dans les Etats créés ou agrandis par la guerre : la Pologne, la Tchécoslovaquie, la Roumanie. Les relations économiques interrégionales se développent avant les relations extérieures et prennent plus vite de l'importance. Les douanes intérieures ayant d'ordinaire disparu, les relations économiques interprovinciales rencontrent toujours moins de difficultés que les relations internationales qui se heurtent à des complications douanières, parfois à des difficultés monétaires. Enfin, pratiquement cette unification est plus facile, puisque les provinces relèvent d'une autorité nationale unique qui par sa volonté peut imposer la même loi dans tout le pays.

L'unification interne du droit civil ne s'est réalisée qu'à une époque récente dans beaucoup d'Etats européens. En France elle date de 1804, en Italie de 1867, en Suisse de 1883 et de 1912, en Allemagne de 1896, en Espagne de 1889 et encore dans ce dernier pays l'unité comporte beaucoup de dérogations. Pour cette raison déjà le problème de l'unification internationale n'a pu se poser que récemment. De plus il n'a pris un caractère d'actualité qu'à partir de la seconde moitié du XIXe siècle avec le grand développement de l'industrie et des communications internationales.

Mais entre le problème de l'unification nationale du droit privé qui peut être considéré comme résolu dans la plupart des Etats et celui de l'unification internationale du droit, il y a une étape intermédiaire à parcourir pour la doctrine et que je voudrais signaler. Elle a été exposée par M. Edouard Lambert principalement dans son important ouvrage sur le Droit commun législatif (1). La doctrine a eu de tout temps comme mission de provoquer la pénétration réciproque des droits positifs, de diminuer le nombre des territoires distincts d'application du droit, des diversités entre les jurisprudences internes. Pour se borner à l'époque moderne, à partir du XVIe siècle, l'état du droit français ayant été inventorié par la rédaction des coutumes, les auteurs ont travaillé à dégager les tendances communes, à mettre en relief les ressemblances. Ils sont parvenus à faire sortir de là le droit commun coutumier, composé des règles le plus souvent consacrées ou paraissant les plus adaptées à la vie juridique. Ce droit commun n'était pleinement en vigueur dans aucune province. Mais partout il était reçu

(1) V. surtout p. 916 et suiv. — V. aussi *Réforme des études de droit civil*. Revue internationale de l'enseignement, 1900, p. 241 à 243 et *Le droit commun de la Société des Nations*. Ses organes actuels. Ses organes à venir. Le besoin d'une faculté internationale de droit.

pour suppléer au silence de la coutume et il a facilité la codification napoléonienne en lui préparant le terrain. Aujourd'hui l'unification des droits nationaux ne doit que changer l'objet du travail. Il faut diriger ses efforts vers un rapprochement entre les législations qui se ressemblent, les peuples qui les appliquent étant au même stade de développement économique et social ; les divergences ne sont d'ailleurs pas plus profondes entre les codes européens du XIXe siècle qu'entre les coutumes françaises du XVIe. Il est donc possible d'exécuter un travail de pénétration réciproque des principales législations (1). Pour ma part, je partage pleinement la manière de voir de mon éminent collègue, sauf à commencer le travail sur un terrain plus étroit : le rapprochement entre les législations qui ont subi fortement l'influence romaine et plus récemment celle de la codification napoléonienne. La doctrine a tout à gagner à entreprendre un vaste travail de compa-

---

(1) Sur ces différents points, je ne puis qu'approuver pleinement les idées développées par M. Edouard LAMBERT dans sa brochure sur *Le droit commun de la Société des Nations* (p. 16 et suiv.). Trop longtemps les jurisprudences se sont systématiquement ignorées. Il faut que les fissures qui se sont ouvertes dans les cloisons qui les séparent s'élargissent malgré les difficultés matérielles. Il faut que la doctrine mette en lumière que ces jurisprudences ne peuvent se soustraire à la domination des phénomènes économiques et sociaux, et pour cela qu'au préalable il existe des recueils de décisions animés d'un esprit d'information internationale et cherchant à sélectionner les arrêts les plus importants pour jalonner la marche de la jurisprudence des divers pays. Je pense également avec lui (broch. citée p. 21 et suiv.) qu'il y aurait utilité à posséder un établissement de haut enseignement international dégageant des éléments particularistes des droits nationaux le fonds commun qu'il faut faire progresser. — V. aussi sur les études comparatives de droit qui doivent faciliter l'unification spécialement, sur les Instituts de droit comparé, VALLARDE, *La costituzione dell' Istituto internazionale per l'unificazione del diritto privato, Riv. intern. di filosofia del diritto*, 1925, p. 122.

raison qui dégage les bases communes et dirige déjà les jurisprudences dans le même sens, en évitant les divergences inutiles.

Déjà M. Ed. Lambert a montré que le droit commun n'a pu se dégager dans le passé qu'à l'intérieur de groupes unis par une étroite parenté, régis par des conditions économiques et sociales similaires (1). La tendance à la généralité et la tendance à l'action sont ici inconciliables et il a réfuté avec raison Saleilles qui préconisait (2) un droit commun de l'humanité civilisée. Pour qui se place au point de vue de la pure science, ce sont les législations dont les différences sont le plus tranchées dont l'unification attire le plus. Mais si l'on vise à un résultat pratique, il faut chercher à rapprocher les législations les plus semblables. Un cercle de nations plus étendu peut être accepté s'il s'agit de droit commercial où des usages plus généraux tendent à s'établir. Il ne faut donc pas arrêter pour toutes matières la liste des pays entre lesquels on tentera un rapprochement.

Ce travail ne peut être tenté entre des groupes fixés *a priori*. Souvent c'est l'observation seule qui permettra d'affirmer pour telle institution l'existence de plusieurs types de législation. Il faudra rechercher si dans un même groupes les divergences sont accidentelles ou si elles tiennent à des différences profondes et durables. Si on ne constate pas de raisons permanentes de divergence, il faudra peser la valeur intrinsèque de chacune des solutions et celle considérée comme la meilleure pourra être érigée

(1) Droit commun législatif, p. 917.
(2) Le droit commercial comparé, *Ann. de dr. commercial*, 1891, p. 222.

en règle de droit commun législatif. Ce droit ne restera pas sans lacune. Mais tout lambeau d'unité doit être considéré comme un progrès (1).

Mais sans méconnaître l'importance et l'utilité de cette étape intermédiaire, je voudrais aller au delà et voir comment et dans quelle mesure il est possible d'unifier sur certains points le droit privé (2).

(1) V. Ed. LAMBERT, *Réforme des études de droit civil*, p. 242.

(2) Bien entendu sur tous les points le travail de rapprochement entre les droits des divers pays n'est pas au même degré d'avancement. Sur certains il ne peut encore être tenté qu'un rapprochement par institution d'un droit commun. D'autres sont déjà en état d'être unifiés législativement.

PREMIÈRE PARTIE

L'histoire des tentatives d'unification internationale du droit

---

CHAPITRE PREMIER

Avant d'examiner les efforts contemporains en vue de l'unification du droit, il faut se demander s'il n'y a pas des enseignements à tirer du passé : du droit romain et d'une certaine unité du droit privé qui s'est réalisée par deux fois.

Dans cet empire romain qui comprenait dès les derniers siècles de la République toutes les rives de la Méditerranée et presque tout le monde connu, le problème qui se posait n'était pas celui de l'unification internationale du droit, mais celui de l'unification interne. En effet les relations avec les peuples barbares placés hors des frontières de l'Empire et qui étaient peu civilisés, devaient être restreintes et le problème de l'unification interne se posait tout d'abord. Outre cet intérêt spécial qu'il s'agissait d'une œuvre portant sur un immense territoire, il présente cet autre que les Romains avec leur sens politique admirable ne peuvent avoir donné des réponses au problème qui soient de pures curiosités archéologiques.

La solution fut donnée en laissant au peuple conquérant : les Romains, et aux peuples vaincus leurs droits nationaux dans leurs rapports avec les habitants de la même cité. Le Grec, l'Egyptien comme le Romain lui-même, restaient soumis à ses anciennes lois, à ses anciens usages dans ses rapports avec ses concitoyens. La tradition était ainsi respectée. Mais à ces droits locaux s'adjoignait une sorte de droit interprovincial.

Un Romain contractait-il avec un pérégrin, ou deux habitants de cités différentes passaient-ils une convention, on appliquait le *jus gentium*. Ensemble de règles découlant de la *naturalis ratio* empruntées à la fois au droit romain et aux divers droits pérégrins, c'était un droit plus moderne, d'un caractère transactionnel. Il était plus souple que les droits locaux. Aussi ne se bornait-il pas à son rôle interprovincial. Les citoyens romains pouvaient en user entre eux à raison de ses avantages, ce qui était précieux avec le développement du commerce (1). Ce droit devait s'accroître pour répondre aux besoins pratiques. Les édits des magistrats, les interprétations des auteurs y firent pénétrer maintes institutions des Romains ou des pérégrins. C'est ainsi que le droit grec eut ici une influence notable.

Mais peu à peu la sphère du droit romain s'étendit par l'octroi de plus en plus large de la qualité de citoyen romain jusqu'à l'édit de Caracalla qui fit de tout habitant de l'Empire un citoyen et amena ainsi la disparition presque complète des droits locaux.

---

(1) GAÏUS, Comm., I, n. 1.

Cette évolution du droit romain nous donne d'abord cet enseignement que son étude révèle à chaque page. Les progrès et notamment l'unification ne peuvent se faire que lentement. Il faut pour cela le travail des siècles. De plus l'unification tend naturellement à se faire en allant de l'extérieur vers l'intérieur. On commence par réglementer uniformément les rapports entre personnes de cités différentes. On n'établit un droit nouveau que pour les relations sans doute fréquentes, mais non pas continuelles. Puis ce droit plus souple pénètre les rapports entre concitoyens.

Cette étendue d'application du droit romain combinée avec sa valeur propre eut un résultat très important par la suite, résultat qui a subsisté jusqu'à l'époque des grandes codifications nationales au XIXe siècle. C'est l'application du droit romain comme droit commun qui fut la première forme de l'unité internationale du droit.

Justinien par les Institutes, le Digeste et le Code avait réalisé un exposé unique du droit romain arrivé presque à son dernier stade. Il lui donna par là même une force d'expansion spéciale. C'est l'application de cette règle d'observation que les formes claires, synthétiques données à une idée lui assurent une propagation plus facile. Ce droit s'appliqua dans tout le territoire où la force des armes en assurait l'observation : l'Orient et même l'Italie. Mais, chose plus curieuse, vers le XIe siècle ce droit pénétra par sa valeur propre dans des pays qui ne relevaient plus ou n'avaient jamais relevé des empereurs d'Orient ou même de Rome : le midi de la France, la Catalogne, l'Allemagne toute entière, l'Ecosse où il s'applique encore aujourd'hui en partie. Les jurisconsultes célèbres pouvaient professer indifféremment en Italie, en France, en Espagne, en Allemagne. Les solutions qu'ils exposaient avaient partout la même valeur pratique.

Si le droit romain dominait ainsi les relations civiles et commerciales, il y avait des dérogations plus ou moins nombreuses suivant les régions tenant à l'organisation politique, parfois simplement aux habitudes locales. En tous cas la théorie des obligations et contrats était partout presque exclusivement romaine et le Traité des Obligations de Pothier constitue presque un traité de droit romain. .

Ces faits sont instructifs. Ils montrent que des peuples de caractères différents ont pu en Europe accepter pendant des siècles le même système général de droit privé. Et cet état a duré jusqu'à la fin du XVIIIe siècle : jusqu'au Code prussien de 1797, jusqu'au Code français de 1804 et au Code autrichien de 1811. Sans doute cette unité qui a duré pendant le moyen âge et une partie de l'époque moderne n'a pas été poursuivie par un travail conscient en vue de faciliter le commerce international, mais le même droit s'est trouvé accepté, à raison des qualités de la législation romaine, dans tout l'occident de l'Europe. Ce résultat pratique a été atteint et les relations commerciales internationales pouvaient être facilitées.

En même temps le droit canonique réglementait certaines matières du droit de famille comme le mariage, ou d'autres comme le prêt à intérêt, et les Etats chrétiens en donnant force de loi aux règles adoptées par l'Eglise se trouvaient encore établir sur ces divers points une unité internationale.

Cette unité partielle, mais cependant très remarquable du droit privé aurait dû frapper les philosophes du droit et leur faire examiner la possibilité d'établir des lois uniformes. Cela aurait dû se produire surtout avec l'apparition de l'Ecole du droit naturel qui admet l'existence d'un idéal législatif s'imposant à tous les Etats. Mais il n'en fut rien. Domat (1) se contente d'opposer « les lois qui sont du droit naturel que Dieu lui-même a établies et qui ont une justice immuable qui est la même toujours et partout, qu'aucune autorité humaine ne peut abolir ni changer, comme l'obligation de rendre un dépôt, de prendre soin de la chose empruntée » et d'un autre côté « les règles arbitraires que les hommes ont établi et qui sans blesser l'équité naturelle peuvent disposer d'une manière ou d'une autre toute différente, comme la durée des prescriptions, le nombre des témoins dans un testament ». De même Pufendorf (2) constate que le droit civil contient mélangées des maximes de droit naturel et des ordonnances que fait le souverain en vue du bien particulier de l'Etat, que les maximes de cette sorte si elles étaient traitées à part restreindraient le droit civil à des limites assez étroites. Ces règles arbitraires doivent cependant, dit-il, être obéies par les sujets comme les lois naturelles, car cela est plus avantageux pour la société humaine.

L'idée du droit naturel ne les a pas poussés dans la

(1) *Lois civiles*, livre prélim., titre I.

(2) *Traité du droit de la nature et des gens*, II, livre VIII.

voie de l'unification et cela, nous semble-t-il, parce qu'ils ont été surtout préoccupés d'affirmer qu'il faut toujours obéir au Souverain.

La valeur même de l'uniformité allait d'ailleurs au XVIIIe siècle rencontrer un adversaire déterminé dans Montesquieu. Celui-ci frappé de la convenance que les lois doivent présenter avec les diverses circonstances de temps et de lieu disait en effet : « Il y a de certaines idées d'uniformité qui saisissent quelquefois les grands esprits tel Charlemagne, mais qui frappent infailliblement les petits. Ils y trouvent un genre de perfection qu'ils reconnaissent parce qu'il est impossible de ne pas le découvrir : les mêmes poids, les mêmes mesures dans le commerce, les mêmes lois dans l'Etat » (1). L'idée était bien superficielle, car elle ne visait que l'uniformité pour elle-même et non sa valeur en tant que simplification pratique.

Au XIXe siècle Savigny dans sa fameuse brochure sur la vocation de notre temps pour la législation et la science du droit se rattache aux mêmes idées (2).

Les rédacteurs du code civil français n'envisagèrent même pas l'idée de l'uniformité législative dans divers

---

(1) Esprit des lois, livre XXIX, chap. XVIII. — Rappr. livre XIV, chap. I : « S'il est vrai que le caractère de l'esprit et les passions du cœur soient extrêmement différents dans les divers climats, les lois doivent être relatives et à la différence de ces passions et à la différence de ces caractères ».

L'idée fondamentale de cette théorie se trouvait déjà dans Bodin (*Les six Livres de la République*, livre V, p. 663, éd. de 1593), qui fait observer que la loi doit s'adapter au caractère des peuples et insiste sur l'importance des différences entre les peuples.

(2) V. note p. 8 et suiv., 2e éd.

Etats. Portalis dans son discours préliminaire si remarquable (1) se contenta d'opposer le droit naturel qu'il appelle la raison en tant qu'elle gouverne indéfiniment tous les hommes, et le droit positif. Il rappelle les paroles de Montesquieu sur l'uniformité et se contente de remarquer que l'unité interne fort difficile à réaliser dans l'ancienne France où les coutumes étaient regardées comme des privilèges est devenue possible depuis la Révolution.

Mais à la suite de la promulgation du code Napoléon, encore une fois les faits devancèrent les idées. Ce que les écrivains n'avaient pas entrevu allait à nouveau se réaliser par l'influence politique de la France et par les qualités intrinsèques du nouveau code. Par suite de l'étendue de l'Empire Français à cette époque, le code Napoléon se trouva applicable de plein droit dans les territoires qui forment aujourd'hui la Belgique et le Luxembourg où il est toujours en vigueur. Il entra également en vigueur sur la rive gauche du Rhin puis, à Genève, en Savoie, en Piémont, dans les duchés de Parme et de Plaisance. Il fut aussi promulgué dans le royaume d'Italie (décret du 30 mars 1806), en Hollande (6 janvier 1811), dans les départements hanséatiques (13 décembre 1810), le grand duché de Berg (17 décembre 1811). Nombre de pays l'adoptèrent volontairement : la Westphalie, le Hanovre, les grands duchés de Bade, Francfort, Dantzig, le grand duché de Varsovie, les provinces illyriennes, le Royaume de Naples.

Sans doute après la chute de Napoléon il se produisit

(1) Locré, *Législation civile, commerciale, etc.*, I, p. 251 et suiv.

une réaction motivée d'ailleurs plutôt par des raisons politiques que par des motifs pratiques. Le code Napoléon fut remplacé par des codes plus ou moins inspirés de son esprit. Ce fut le cas en Italie, aux Pays-Bas. Finalement le code français conservé en Belgique, au Luxembourg, dans la Pologne russe fut imité très largement par des codes importants promulgués au cours du dernier siècle : le code italien de 1867, le code roumain de 1864, celui de la province de Québec de 1866.

Plus généralement on peut dire que les codes des pays latins promulgués depuis un siècle ont assez largement subi l'influence française. Notamment les codes de l'Amérique latine : en Argentine, en Uruguay, au Chili, au Vénézuéla, par leurs plans, leurs solutions se sont inspirés du droit français. Même en dehors des pays latins, en Egypte, les codes rédigés par Maunoury ont très largement puisés à la même source. Et ces constatations ont leur importance pour le moment où il s'agira de déterminer entre quels pays il est le plus facile d'établir l'unité sur certains points du droit civil.

L'adoption du code Napoléon, son imitation plus ou moins large a produit au XIXe siècle une certaine unité de droit, a provoqué un certain ensemble de solutions. Cependant pendant une partie du dernier siècle, il faut constater que la tendance générale a été d'avoir dans chaque pays sa législation propre, sauf à s'inspirer dans une certaine mesure des solutions françaises, à chercher à les améliorer, à les compléter. D'autre part, pendant la première moitié du siècle le mouvement industriel et commercial qui commençait n'était pas encore assez développé pour qu'on éprouva vivement le besoin de faciliter les affaires internationales pour une certaine unification du droit. Il fallut arriver à un stade industriel plus caractérisé, à l'augmentation des lignes de chemin de fer, de la navigation à vapeur, aux traités de commerce et aux grandes expositions universelles, c'est-à-dire à une vie internationale plus intense pour qu'un changement se produisit.

Le mouvement qui n'apparut qu'au dernier tiers du XIXe siècle se présenta à la fois sur plusieurs terrains. Un changement d'idées se dessina résultant de l'activité d'associations internationales se préoccupant entre autres problèmes de celui de l'unification. En même temps, sur le terrain législatif et diplomatique, des textes furent promulgués par lesquels plusieurs Etats arrivaient à adopter les mêmes règles sur un certain nombre de points.

CHAPITRE II

Le mouvement scientifique pour l'unification

—

Plusieurs associations se sont proposé pour objet une certaine unification internationale du droit, ou du moins celle-ci a été un des objets d'activité qu'elles se sont proposées. Mais leur œuvre a été assez variée et il est nécessaire de l'analyser pour saisir les diverses branches de leur activité. Ce sont principalement : l'Institut de droit international, l'International Law Association (Association internationale de droit) et le Comité international de droit maritime.

*
* *

L'Institut de droit international s'est constitué à Gand en 1873 (1) et depuis il n'a cessé de manifester son activité de deux manières : par des Congrès tenus environ tous les deux ans : dont le dernier à Vienne en 1925 et par un Annuaire qui publie les divers travaux de l'Institut. Celui-ci est une association libre, exclusivement scientifique dont le nombre des membres est limité. Ses statuts lui donnent pour but de « favoriser le progrès du droit international en travaillant à formuler les principes généraux de la science, en donnant son concours à toute tentative sérieuse de codification du droit international ». Aussi ses travaux sont-ils assez divers. Les uns concernent

(1) V. *Annuaire de l'Institut de droit international*, 29 vol. parus. Pedone, éd. Paris.

le droit international public en temps de guerre ou en temps de paix. D'autres ont pour objet le conflit des lois. Mais certains visent à une certaine unification du droit privé.

Dans certain cas, l'Institut a visé à une unification du droit dans les rapports internationaux exclusivement. C'est ainsi qu'en matière de transports internationaux par chemins de fer la commission nommée à cet effet a terminé ses travaux en disant que la Convention conclue à Berne en 1890 lui donnait satisfaction (1). Or il s'agit ici d'une Convention ne visant pas le conflit des lois, mais réglementant les transports de sorte qu'en cette matière il n'y ait plus pour les Etats signataires que deux séries de règles : celles de droit interne et celles visant les transports internationaux à destination ou en provenance d'un autre Etat signataire.

Sur d'autres matières, l'Institut a arrêté des projets de lois uniformes de l'adoption desquels résulterait l'unification du droit dans les relations internes et internationales. Un projet sur les lettres de change et les billets à ordre fut ainsi adopté à Bruxelles en 1885. La même année un autre sur les assurances maritimes fut voté. Il en fut de même pour un texte en huit articles sur les abordages maritimes adopté à Lausanne en 1888 (2).

Des travaux précédents, il faut à mon avis distinguer un projet tendant à établir sur un point un véritable droit international ou plutôt supranational. A la session de

(1) V. *Annuaire*, tome XV, p. 253.
(2) V. *Annuaire* X, p. 114.

Christiania de 1912 M. von Bar présenta un projet de convention réglant la situation des Associations internationales d'utilité publique (1). Celles-ci, d'après la proposition de convention, devraient être reconnues comme personnes morales par les Etats signataires à condition de déposer leurs statuts à un Bureau international.

Enfin il faut faire mention d'un dernier ordre de travaux. C'est une proposition du baron Decamps (2) en vue d'établir une cour internationale des parères. Ce serait une cour d'arbitrage composée de jurisconsultes d'une notoriété universelle à laquelle des particuliers pourraient demander des avis ou soumettre des litiges d'un caractère international. Elle serait destinée à trancher les difficultés ne relevant pas normalement d'un Etat déterminé. Ces divers travaux montrent que l'Institut s'est déjà occupé d'unification et a examiné le problème sous plusieurs de ses aspects (3).

***

A peu près contemporaine de l'Institut de droit international est l'International Law Association fondée le 20 octobre 1873 et dont le premier Congrès se tint à Genève en 1874. Elle avait pour but de vulgariser les questions et de créer de grands courants en faveur des idées d'arbitrage, de paix, d'uniformité dans les lois, sur la propriété intellectuelle, les monnaies, les poids et mesures, etc.

S'inspirant de ses statuts, la Société s'est beaucoup

(1) V. *Annuaire* XXV, p. 466.
(2) Gand, 1906, *Ann. de l'Institut*, XXI, p. 459.
(3) V. *Annuaire* VII, p. 53.

occupée des questions d'arbitrage international. Mais le droit privé a pris aussi une place importante dans ses discussions. A La Haye en 1875, à Brême en 1876, elle s'occupa des lois relatives à la lettre de change, à l'abordage, à l'exécution des jugements. L'année suivante (1877), le Congrès tenu à Anvers arrêta des règles sur l'avarie commune en reprenant et en modifiant les textes déjà arrêtés à Glasgow en 1860, à Londres en 1862, à York en 1864. Ces règles au nombre de onze sont depuis entrées dans la pratique conventionnelle par les références que de nombreux connaissements contiennent à leurs dispositions. L'adoption à Anvers de ces règles leur donna dans le monde des armateurs un essor qui leur avait manqué jusque-là (1).

On voyait par là, grâce à la liberté des conventions, apparaître un nouveau moyen d'unification du droit, par référence des intéressés à une règle unique. C'est un procédé d'unification extrêmement intéressant sur la valeur duquel nous aurons à revenir. Successivement de nouveaux Congrès se tinrent à Londres, à Francfort ; je vous ferai grâce de la liste des trente-deux Congrès qui ont été successivement réunis. L'avant-dernier s'est réuni à Buenos-Ayres sous la présidence du regretté jurisconsulte

(1) V. les principaux congrès : Bruxelles (1873), Genève (1874), La Haye (1875), Brême (1876), Anvers (1877), Francfort (1878), Londres (1879), Berne (1880), Cologne (1881), Liverpool (1882), Milan (1883), Hambourg (1885), Londres 1887), Liverpool (1890), Genève (1892), Londres (1893), Bruxelles (1895), Buffalo (1899), Rouen (1900), Glasgow (1901), Anvers (1903), Christiania (1905), Berlin (1906), Portland-Maine (1907), Budapest (1908), Londres (1910), Paris (1912), Portomoalk (1920), La Haye (1921), Buénos-Ayres (1923), Madrid (1923), Londres (1923), Stockholm (1924).

argentin M. Zeballos. C'était la première fois qu'un Congrès d'une de ces sociétés juridiques internationales se tenait en Argentine et même en Amérique du Sud. Il présentait une importance toute particulière par les membres qui y étaient représentés et qui appartenaient à trente-cinq nations. Des sujets touchant au droit public, au droit pénal, au droit privé et au droit maritime y furent discutés. Ces deux dernières matières ne donnèrent pas lieu à moins de vingt-six questions. Certaines touchaient très directement à une certaine unification internationale comme celle de la création d'un Office des titres adirés ou celle d'une cour de Justice criminelle internationale permanente.

Le dernier Congrès s'est tenu à Stockholm en 1924 et en même temps qu'il s'est occupé de l'exécution des jugements étrangers, de la nationalité, d'une cour permanente internationale civile, il a arrêté des règles générales sur l'avarie commune pour compléter les règles d'York et d'Anvers qu'un Congrès de Liverpool (1890) avait déjà lui-même complétées.

Ces règles sont un excellent exemple pour se rendre compte de la somme de travail que représente souvent l'unification sur un point déterminé pour arriver à des résultats satisfaisants. Il suffit pour le saisir de parcourir les étapes parcourues ici. A la suite d'un Congrès tenu à York en 1860 par une Association pour le développement de la Science sociale, neuf résolutions furent arrêtées. Elles furent remplacées par onze articles dans un autre Congrès à Londres en 1862, après qu'on eut rejeté comme insuffisamment préparé un long projet de

126 articles. En 1877, le Congrès d'Anvers ajoutait une douzième règle. Cet ensemble ayant été mis en application par les Compagnies de navigation à partir du 1er janvier 1879, le Congrès de Liverpool de 1890 porta le total des règles à dix-huit. A un nouveau Congrès tenu à Anvers en 1903 on tenta vainement d'établir une nouvelle règle concernant le danger commun résultant d'une faute.

Quelques années après, à Berlin en 1906 et à Londres en 1910, on se contenta de faire des exposés généraux de la question et de nommer une commission d'enquête. A la veille de la guerre, en 1913, le Congrès de Madrid vota un avant-projet provisoire. La question fut finalement inscrite à l'ordre du jour du Congrès de Stockholm. En vue de cette réunion, les Anglais intéressés à ce débat tinrent quelques mois auparavant une assemblée préparatoire qui décida de formuler un certain nombre de règles d'ordre pratique pour résoudre divers cas. En même temps que ce travail en accord avec la mentalité britannique s'élaborait, la section française de l'Association construisait un ensemble de 34 règles définissant les caractères de l'avarie commune ; de son côté le Comité des Average Adjusters anglais formulait quatre règles nouvelles. Peu après une Conférence préparatoire se tenait à Londres, adoptait les principes français et désignait un comité de rédaction. De là sont sortis les textes adoptés à Stockholm qui forment deux séries : l'une de huit principes généraux, l'autre de vingt-trois règles. Les premiers contiennent des dispositions sur les conditions générales, les effets, la preuve de l'avarie, les autres résolvent des cas spéciaux : le jet, l'incendie à bord, l'échouement, l'avarie au navire, etc.

Cette unification réalisée par une méthode nouvelle et qui a eu un succès complet n'est pas le seul titre de gloire de l'Association au point de vue de l'unification du droit. Une des questions les plus discutées en droit maritime est celle des clauses des connaissements. Depuis de nombreuses années, les armateurs rédigeant eux-mêmes le contrat de transport maritime en ont profité pour y insérer des clauses qui leur soient favorables et quand la jurisprudence constatait que telle lacune ou défaut de rédaction permettait de condamner une Compagnie, aussitôt celle-ci s'empressait par une disposition mieux rédigée de combler cette brèche dans son œuvre. De là des réclamations des chargeurs, leur appel au législateur pour interdire certaines dispositions léonines. Au Congrès de La Haye en 1921, les représentants des armateurs, d'accord avec les chargeurs acceptèrent un projet transactionnel. Peut-être la crainte de lois nationales plus graves que les concessions consenties ne furent-elles pas étrangères à l'esprit de conciliation des premiers. En tous cas, le résultat souhaité : la rédaction d'un texte en commun fut obtenu. L'Association avait espéré, suivant la méthode qui avait réussi pour les avaries communes, que ces règles de La Haye seraient acceptées par les chargeurs et les armateurs dans les connaissements et qu'il résulterait de là un véritable usage conventionnel. Mais l'opposition de certains exportateurs anglais plus exigeants empêcha le succès. Le travail n'a pas cependant été inutile. Les règles de La Haye ont passé dans les Conventions signées à Bruxelles en 1922 qui ont été ratifiées ou qui sont sur le point d'être ratifiées par plusieurs grands Etats.

Le prochain Congrès doit avoir lieu à Marseille en 1926 (1). Le programme en est déjà arrêté. Sous l'heureuse influence de M. Dor qui préside la branche française, on a voulu inaugurer une nouvelle méthode de travail consistant à discuter peu de questions pour donner aux débats l'ampleur désirable. C'est ainsi que la section de droit maritime et commercial n'a mis à son ordre du jour que deux questions : celle de la vente C. A. F. qui intéresse tout le commerce d'importation et d'exportation et sur laquelle les principes généraux admis dans les divers droits sont assez voisins pour permettre de réaliser l'unification ; celle des changes, pour arriver à un système uniforme quant à la date qui doit être considérée pour calculer le change d'une dette en monnaie étrangère. Il serait important étant donné les hésitations de la jurisprudence dans tous les pays que des règles uniformes soient acceptées.

Cette association continue à s'occuper de problèmes variés : elle doit également étudier celui de la codification du droit international sur la demande qui lui en a été faite par la Société des Nations, celui d'une cour criminelle internationale, celui des minorités d'après les traités de paix, celui de l'arbitrage commercial. Avec ses membres qui sont plus de quinze cents, sa longue suite de Congrès, elle constitue un organisme important dont il faut dégager le caractère.

---

(1) Depuis le congrès a été tenu à Vienne. Il a adopté six règles pour le calcul du change ; dont quatre pour le paiement en général et une pour le paiement en cas d'avaries communes.

Cette association a eu à l'origine et a encore un caractère anglais assez accentué. Jusqu'en 1892, les Congrès furent presque tous présidés par des Anglais : magistrats ou avocats. C'est seulement à partir de cette date que des jurisconsultes des pays latins furent appelés à la Présidence, en 1892 M. Boselli, plus tard M. Clunet, en 1921 l'internationaliste argentin M. Zeballos.

L'organe permanent est le Conseil exécutif qui a son siège à Londres. Depuis de longues années il est présidé par un membre du Conseil privé, lord Phillimore. Il se réunit quatre ou cinq fois par an. La majorité en est anglaise et surtout les membres anglais ont plus de facilité que les membres des pays continentaux pour assister aux réunions.

Mais depuis une quinzaine d'années un phénomène important se dessine, de nature à donner aux travaux de l'Association le caractère vraiment international qui leur est nécessaire pour travailler utilement à l'unification : c'est la constitution de nombreuses branches internationales. La première apparut en 1910. Ce fut celle des Pays-Bas. Elle se donna un bureau spécial et constitua un Comité devant tenir des réunions pour la préparation des Conférences. Cet exemple fut suivi par l'Allemagne en 1912, par la République Argentine en 1919, par le Japon en 1920, par la Tchécoslovaquie et les Etats-Unis en 1921, par le Mexique, la Hongrie et la Pologne en 1923, par la France en 1924 (1). Dix comités existent

(1) Le comité français a remplacé à cette date le comité français de droit maritime.

donc actuellement. Leur influence peut être très utile. Des commissions nationales peuvent préparer chacune des questions : indiquer les points sur lesquels la loi nationale peut sans inconvénient être remplacée par une autre déjà acceptée dans d'autres pays, donner sur d'autres points les motifs qu'il y a de conserver telle règle. Un certain travail de rapprochement entre les législations se trouve ainsi réalisé préalablement aux réunions internationales. Celles-ci peuvent alors porter leurs efforts sur les points où les solutions restent plus éloignées. C'est ce qui s'est produit au Congrès de Stockholm où l'on a adopté un projet qui tenait compte à la fois des propositions anglaises et des propositions françaises.

Le développement des branches nationales de l'Association la rendra donc de plus en plus apte à travailler à l'unification du droit privé, bien que celle-ci ne soit pas son seul objet.

*
* *

La troisième association qui s'est préoccupée de l'unification du droit, c'est le Comité maritime international. Il n'est pas étonnant que l'on ait songé spécialement à unifier le droit maritime. La navigation a en grande partie un caractère international. Celle qui se fait d'un port à un autre du même pays est en effet peu de chose à côté de la navigation internationale. Cela est si vrai qu'au moyen âge, alors que la diversité du droit terrestre était si grande, des règles coutumières internationales s'étaient formées : les Rôles d'Oléron pour l'Océan et les mers du Nord, le Consulat de la mer pour la Méditerranée, de sorte qu'on était arrivé ainsi à éviter les inconvénients qu'il y a à soumettre un capitaine de navire ou un armateur à différentes lois suivant les personnes avec qui il traite. Plus tard les grandes lois maritimes nationales et parmi elles la Grande Ordonnance de la Marine promulguée par Louis XIV en 1681 rompirent ce commencement d'unité. Mais dans la seconde moitié du XIXe siècle, lorsque la navigation à vapeur, la télégraphie, le percement de l'isthme de Suez eurent modifié les courants commerciaux, développé la navigation, transformé les usages des affaires, le désir de revenir à l'unité ancienne ou mieux de la réaliser plus qu'on ne l'avait fait précédemment se fit jour de plus en plus. Ce furent d'abord des manifestations sans lendemain dans des Congrès tenus à l'occasion d'Expositions internationales (Anvers 1885, Bruxelles 1888) ou à Gênes à l'occasion des Fêtes de Christophe Colomb en 1892. On s'était en effet attaqué du premier coup à l'unification de la totalité du droit maritime. En outre ces efforts se présentaient sans lien les uns avec les autres. On ne pouvait arriver à un résultat qu'en divisant le problème et en créant pour en examiner successivement les parties un organisme permanent. C'est dans ces conditions qu'en 1897 le ministre belge, M. Beernaert, avec l'aide de M. Lejeune et de M. Franck, depuis également ministres, fonda à Bruxelles le Comité maritime international (1).

---

(1) Ce comité publie depuis 1897 un Bulletin dont 67 numéros ont parus (Anvers, Impr. Buschmann).

Celui-ci constitua par l'intermédiaire de ses membres une série de comités nationaux aujourd'hui au nombre de vingt-cinq. Les questions proposées au Congrès sont préalablement soumises à ces comités pour qu'ils puissent donner un avis. Les congrès internationaux élaborent ensuite les principes généraux à consacrer et des projets de conventions sont ainsi rédigés. Depuis 1897, des Congrès ont été tenus fréquemment (1). Cette association toutefois ne s'est pas encore réunie dans le nouveau monde, malgré l'importance croissante qu'offrent pour lui les questions de navigation.

Un des objets les plus importants des travaux du Comité a consisté dans l'étude des questions d'abordage et d'assistance en mer et sur ce point un succès complet a été obtenu. C'est à la suite de ces travaux qu'ont été signées les deux Conventions de Bruxelles du 23 septembre 1910 qui portent la signature de vingt-quatre Etats parmi lesquels de nombreux Etats américains, dont l'Argentine, le Brésil, les Etats-Unis. D'autres questions ont été discutées dans ces dernières années. La Conférence d'Anvers de juillet 1921 s'est occupée de la limitation de responsabilité des propriétaires de navires, des hypothèques et privilèges maritimes, d'un code international de l'affrètement (2), questions qui ont été reprises par la Conférence diplomatique de Bruxelles de 1922.

---

(1) Anvers (1898), Londres (1899), Paris (1900), Hambourg (1902), Amsterdam (1904), Liverpool (1906), Venise (1907), Brême (1909), Paris (1911), Copenhague (1913), Anvers (1921).

(2) V. Bull., n° 47, août 1921.

Le rôle de ce Comité ne peut être compris complètement qu'en tenant compte des Conférences diplomatiques tenues à Bruxelles depuis 1905 (1). Successivement en 1909, 1910, 1912, 1913, 1922 ces Conférences se sont réunies à la demande du gouvernement belge. Ce qu'il y a de curieux à noter, c'est que ces Conférences au lieu d'être des réunions isolées sans lien entre elles ont institué des Commissions pour siéger entre les sessions, de sorte que les Conférences apparaissent peu à peu comme étant les sessions d'un organisme permanent pour l'unification du droit maritime.

Ce Comité ne put arriver à son but du premier coup. La première Conférence tenue du 21 au 26 février 1905 réunissait treize Etats, mais ni l'Angleterre, ni l'Allemagne n'y figuraient. On dut se borner à discuter succinctement de l'abordage et de l'assistance. La seconde session (16 octobre 1905) s'ouvrit avec des représentants de l'Allemagne et de l'Angleterre et discuta les mêmes projets qui purent enfin aboutir à la Conférence de septembre 1910. Entre temps, la Conférence de septembre 1909 s'était ouverte avec l'adhésion de vingt-six Etats et avait examiné la limitation de responsabilité du propriétaire de navire et les privilèges et hypothèques. Depuis la guerre, l'œuvre a été reprise. En octobre 1922 une cinquième Conférence a été tenue à Bruxelles sur la convocation du gouvernement belge. Vingt-quatre Etats y étaient de nouveau représentés. On y vota des projets

(1) V. les travaux de cette conférence. « Conférences internationales de droit maritime », Bruxelles, Impr. Lesigne.

de conventions sur la limitation de responsabilité des propriétaires de navires, sur les sûretés réelles, sur le connaissement, en s'inspirant sur ces différents points des règles proposées à La Haye.

Les Conventions votées à Bruxelles ont une grande importance. Celles du 23 septembre 1910 avaient été signées par vingt-quatre Etats. Vingt-deux les ont ratifiées (1). En outre, bien que ces Conventions ne règlent que l'abordage et l'assistance dans les relations internationales, certains Etats ont adopté les mêmes principes en droit interne. C'est ainsi qu'en France la loi du 15 juillet 1915 a modifié les art. 407 et 436 C. com. pour les mettre en harmonie avec la Convention de Bruxelles sur l'abordage.

Les Conventions de 1922 sur la responsabilité des propriétaires de navire et le connaissement ont déjà été signées par l'Angleterre, la France et la Belgique. En Angleterre, une loi de 1924 a même adopté comme règle de droit interne les règles sur le connaissement signées à Bruxelles.

*
* *

Un dernier organe d'études est le Comité juridique international de l'aviation. Il a tenu ses premiers Congrès à Paris, à Genève et à Francfort (1910-1912-1913) et depuis la guerre à Monaco, à Prague et à Rome (1921-

(1) France, Belgique, Allemagne, Autriche, Brésil, Danemark, Grande-Bretagne, Grèce, Hongrie, Italie, Japon, Mexique, Norvège, Pays-Bas, Portugal, Roumanie, Russie, Suède, Uruguay. Les Etats-Unis ont ratifié celle sur l'assistance et le Nicaragua celle sur l'abordage.

1922-1924). Il s'est proposé la rédaction d'un Code de l'air dont certains articles ont été votés. Depuis la guerre, il s'est occupé notamment de l'hypothèque sur les aéronefs, de l'assurance, de la responsabilité des dommages causés par les aéronefs.

Enfin il ne faut pas négliger ici l'intervention d'un nouvel organe créé depuis la guerre : la Chambre de commerce internationale. Celle-ci, dans ses divers Congrès (Paris 1920, Londres 1921, Rome 1923, Bruxelles juin 1925), a émis des vœux d'ailleurs fort généraux à propos de l'antagonisme des législations sur les effets de commerce (Londres 1921, Rome 1923 et Bruxelles 1925), sur la validité internationale de la clause compromissoire (*id.*), sur l'unification de la procédure d'arbitrage (*id.*), sur la protection internationale de la propriété industrielle (*id.*).

En outre un Comité constitué en 1924 a commencé à examiner la question du chèque international, le Congrès de Bruxelles a voté des amendements à la Convention de Paris et à l'Arrangement de Madrid sur la propriété industrielle (1).

D'hier seulement date la fondation d'une Académie internationale de droit comparé. Elle a été créée à Genève en septembre 1924 (2). D'après l'art. 2 de ses

(1) Ces divers points sont exposés dans les brochures de la Chambre de commerce internationale (spécialement nos 35 et 36).

(2) Depuis sa création, dans sa session de La Haye de 1926, l'Académie a décidé pour faciliter sa tâche d'étudier la confection d'exposés généraux de doctrine résumant sur un plan uniforme les principes fondamentaux du droit civil et du droit commercial dans les différents pays.

statuts, elle a pour objet principal l'étude du droit comparé sur la base historique et l'amélioration de la législation des divers pays, particulièrement en matière de droit privé, par le rapprochement systématique et la conciliation des lois. Cette Académie composée exclusivement de trente professeurs d'Université doit tenir chaque année une session (1).

* * *

Ces indications forcément rapides que je n'ai pas voulu pousser jusqu'à l'énumération fastidieuse de près de cent Congrès dégagent une impression générale. C'est de tous côtés que depuis cinquante ans on sent un très vif besoin de travailler à l'unification internationale du droit.

Il faut maintenant examiner par quelles méthodes on a tenté et on peut tenter de faire progresser les problèmes d'unification du droit. Parfois on s'est contenté d'énoncer des vœux généraux. Ceux-ci n'ont qu'une valeur d'encouragement. Plus souvent on a attaqué le côté vraiment difficile du problème en essayant de rédiger des textes précis qui puissent être acceptés.

A ce sujet on est frappé de voir la multiplicité des organismes qui se proposent de travailler à l'unification et de voir aussi combien de fois les mêmes questions reviennent dans les discussions des Congrès. Ce dernier point tout d'abord ne doit pas nous étonner. Il est

---

(1) V. ses Statuts *Bulletin de la Société de législation comparée*, 1924, p. 492 et suiv.

naturel qu'à raison de la complexité d'un problème une même association s'en occupe dans plusieurs Congrès : cherchant à poser d'abord quelques principes, puis fixant les règles de détail. Le temps est un grand ouvrier. Quand une idée a été lancée, peu à peu les personnes compétentes, souvent habituées par leurs fonctions à n'appliquer qu'une législation, puis le public s'ouvrent à des conceptions nouvelles. Telle solution à laquelle les praticiens faisaient de l'opposition peut, quelques années après, être acceptée par eux quand ils ont réfléchi à ses avantages, vu le moyen de l'appliquer, trouvé celui d'atténuer ses conséquences fâcheuses. Cela s'est vu plusieurs fois. Il y a là une donnée psychologique dont il faut tenir compte : tant est grand le rôle de la psychologie dans la formation du droit.

On éprouve plus d'étonnement à voir les questions reprises successivement par plusieurs associations. Ce fait n'est pas cependant une chose mauvaise. Cette sorte de concurrence peut avoir l'avantage suivant. Un projet adopté successivement par plusieurs associations acquiert par là même plus de force. La double ou la triple épreuve par laquelle il a passé augmente le cas qu'on doit en faire. Un projet étant déjà examiné dans un Congrès et étant discuté à nouveau dans une organisation différente, dans une autre ville, où l'assemblée comprendra souvent des personnes d'autres pays, peut être l'objet de retouches très utiles. Toutefois il nous paraît nécessaire que ces travaux successifs se placent dans le même cadre, de sorte que le travail antérieur puisse servir de base aux études ultérieures, quitte à y ajouter des compléments ou à y apporter des modifications. Si au contraire les projets successivement discutés chevauchent les uns sur les autres, de sorte que certains points d'un projet soient seuls traités dans une autre discussion, ou y soient mélangés avec d'autres matières, le travail des Conférences diplomatiques qui se réuniront par la suite se trouve compliqué. On peut en effet leur présenter des projets différents, mais encore faut-il qu'ils soient comparables et pour cela qu'ils se présentent sur le même objet et si possible qu'ils suivent le même plan. Il serait donc à souhaiter qu'il y eut une sorte d'entente pour les questions mises au programme des diverses réunions, tout au moins quant à leur libellé et à leur contenu général. Cela d'ailleurs parait s'être réalisé plus d'une fois et est important à conserver.

Les méthodes employées jusqu'ici pour travailler à l'unification internationale du droit présentent encore ce caractère que les mêmes Congrès ont simultanément étudié des questions de droit international public, de droit international privé et d'unification. Il pourrait sembler plus utile que chacun de ses ordres d'études ait ses associations propres. Mais d'un côté on ne peut oublier que si les questions de droit international public intéressent les diplomates, les militaires, en même temps elles sont importantes pour les juristes, magistrats ou avocats, les hommes d'affaires, comme le sont les problèmes d'unification du droit. Par exemple il leur importe de savoir quelle règle sera suivie vis-à-vis de la propriété maritime en temps de guerre, vis-à-vis des aéronefs ou de la T. S. F. dans les mêmes conditions. Il y a même dans les problèmes de droit des gens un besoin d'unité, sans lequel celui-ci est inefficace, qui les rapproche des problèmes d'unification, tandis que les problèmes de conflits de lois peuvent, malgré des inconvénients, recevoir des solutions différentes dans les divers Etats.

CHAPITRE III

L'unification internationale en droit positif

L'unification internationale du droit s'est en fait réalisée depuis un demi-siècle tantôt par la voie de lois uniformes, tantôt par la méthode des traités.

L'unification par voie législative s'est réalisée dans un domaine limité, mais avec une intensité assez grande dans les pays scandinaves (1).

Très voisins les uns des autres, liés par des origines historiques communes, le Danemark et la Norvège ayant même été réunis sous le même gouvernement jusqu'en 1814, ces divers Etats ont entre eux une certaine communauté de droit. Tandis que la Suède et la Finlande ont un Code civil commun de 1733, le Danemark et la Norvège ont comme base de vieux Codes de 1683 et 1687 promulgués par Christian V. En outre ces pays ont ce caractère que leur droit privé n'a guère subi l'influence du droit romain.

A raison de ces circonstances, des réunions de jurisconsultes scandinaves s'étaient tenues avec succès en 1872, 1875 et 1878 (2). Dès la première réunion la question de

(1) Je dois ici remercier mon collègue M. H. Ussing, professeur à l'Université de Copenhague, des renseignements qu'il m'a donnés très aimablement à ce sujet.

(2) V. Goos, *Le mouvement scandinave en vue de la communauté du droit*, Revue de droit international, 1878, p. 551, 1880, p. 425 et 1881, p. 349.

l'unification de la lettre de change fut abordée. En effet les relations commerciales sont des plus fréquentes entre des pays tellement voisins. Et ces relations étaient entravées par la diversité des législations : la Norvège ayant gardé ici des principes datant de 1687, le Danemark ayant adopté en 1825 les règles françaises et la Suède ayant une loi de 1851. L'idée d'une unification internationale du droit était à cette époque toute nouvelle. Le Congrès se contenta de voter un vœu pour l'adoption de lois de change semblables en ne perdant pas de vue des efforts analogues des grands Etats européens. Ces Congrès discutèrent également d'autres questions internationales : celle du connaissement qui était encore réglée au Danemark par des textes du XVIIe siècle et en Norvège et en Suède par des lois de 1860 et 1864. En même temps ces Congrès s'occupaient d'autres questions comme les sociétés par actions, le régime matrimonial, la profession d'avocat, l'organisation des tribunaux de commerce.

Ces réunions eurent une conséquence importante. En 1876, le Rigsdag suédois présenta une pétition au roi demandant l'élaboration d'une loi du change conforme si possible aux lois danoise et norvégienne. Le gouvernement suédois s'entendit alors avec les deux autres gouvernements scandinaves pour composer une Commission internationale où chaque Etat enverrait deux juristes et un négociant. Il fut décidé que l'on prendrait comme base du projet la législation allemande qui était déjà adoptée en Suède. Après qu'un Comité de trois jurisconsultes eut arrêté la rédaction des textes, on procéda trois mois après à un nouvel examen. Puis comme en Suède la Cour suprême devait être consultée, celle-ci donna un avis en proposant des amendements surtout de forme. La Commission se réunit à nouveau au mois de septembre 1879 et arrêta le texte définitif d'un projet qui fut déposé par les gouvernements des trois Etats. Les trois Parlements votèrent un texte identique, sans y apporter aucun amendement, non pas que le projet présenté fût considéré par eux comme parfait, mais parce que le moindre changement eût fait manquer le but que l'on poursuivait. Il y eut là un exemple remarquable de sagesse de ces trois Assemblées législatives, conforme au tempérament à la fois calme et audacieux de ces peuples du Nord. La sanction royale fut ensuite donnée le même jour par les deux rois, la Suède et la Norvège ayant à cette époque un seul souverain.

Pour rédiger cette loi, les auteurs ont pris comme base la loi allemande, mais les votes des Congrès de Brême et d'Anvers (1876-1877) de l'International Law Association ont aussi exercé une grande influence. On s'en est cependant écarté pour admettre l'acceptation partielle. Le Code belge a également inspiré certaines dispositions, comme celle disant que l'absence de date de paiement rend la lettre à vue. Ainsi nous trouvons ici l'application de cette idée importante que l'unification ne peut se faire que par un certain éclectisme en ne se refusant pas à emprunter des règles de divers côtés.

Au total l'unification se trouve réalisée sur 96 articles concernant la lettre de change et le billet à ordre (1), ce

(1) V. cette loi, *Annuaire de législation étrangère*, 1880, p. 504.

dernier n'étant d'ailleurs réglé que par un seul article renvoyant aux règles de la lettre de change, à cela près que le souscripteur est tenu comme un accepteur. Formes, transmission, acceptation, date d'échéance, paiement, recours, duplicata, lettres perdues ont été également réglés. Pour laisser plus de souplesse au système, l'art. 81 a permis de dresser les protêts à toute personne à ce autorisée par la loi. Il est en effet le plus souvent nécessaire dans les questions d'unification de laisser chaque Etat réglementer suivant les convenances, les attributions des divers fonctionnaires ou officiers publics.

Ce premier succès sur un point important fut un encouragement. Peu d'années après, était promulguée en Suède et en Norvège la loi des 26 mai et 5 juillet 1884 sur les marques de fabrique (1). Cette fois, le but fut moins complètement atteint. Le Rigsdag danois refusa le projet et non seulement il ne voulut pas participer au travail d'unification, mais il s'opposa à toute modification de la loi qu'il avait votée sur le même sujet le 2 juillet 1880, loi plus complète sur certains points comme la radiation des marques (art. 7), mais moins sur d'autres comme les suites du refus d'enregistrement (2). En Suède et en Norvège, le travail ne s'était pas heurté au même obstacle, car il n'y avait pas de législation sur la matière. C'est d'ailleurs un phénomène aisément explicable que l'unification est plus facile sur des matières où

(1) V. *Annuaire de législation étrangère*, 1884, p. 598.
(2) Finalement il vota sur ce sujet une loi du 11 avril 1890.

les Etats n'ont pas encore de lois ou même ont des textes vieillis que sur des points où un Etat a une législation récente. Ayant manifesté ses tendances propres par une œuvre récente, il s'enorgueillit volontiers et paraît peu disposé aux changements.

Sur les marques de fabrique, la Suède et la Norvège ne parvinrent même pas à une entente complète. Sur une vingtaine d'articles, les treize premiers seuls sont identiques. Ce sont d'ailleurs les plus importants. Ils visent les formes de l'enregistrement des marques dans chaque capitale : les pièces à déposer (art. 3), les cas où l'enregistrement est exclu (art. 4), le refus motivé d'enregistrement (art. 5), la publicité de l'enregistrement (art. 6), la cession de la marque accessoire à celle d'un fonds de commerce (art. 8), le renouvellement décennal (art. 9), la radiation par l'autorité d'une marque illégalement enregistrée (art. 10), le délit d'apposition illégale de marque (art. 12), le droit à l'enregistrement en faveur des étrangers. Au contraire des différences apparurent sur d'autres : le texte suédois exige un mandataire domicilié en Suède dont on indique le nom dans la demande. Quant à la compétence, tandis que l'art. 15 norvégien parle du tribunal de Christiania, l'art. 18 suédois maintient la règle que le procès s'ouvre au tribunal du domicile du défendeur. Ces différences sont intéressantes à signaler. Elles permettent de constater que sur une même matière, c'est déjà un résultat utile de réaliser l'unité sur certains points. On peut admettre déjà la même rédaction pour certaines dispositions, éviter les différences inutiles qui ne tiennent pas à des nécessités vitales. Plus tard ce premier pas franchi, l'unification pourra se réaliser sur d'autres points à mesure des revisions.

Vers la même époque, une loi semblable était votée sur les registres commerciaux, la raison sociale et la procuration. C'est la loi suédoise du 13 juillet 1887 qui correspond à la loi danoise du 1er mars 1889 et à la loi norvégienne du 17 mai 1890. Mais depuis ces lois ont été versées séparément en Suède et en Norvège (1).

Plusieurs années après, l'unité se réalisait, cette fois entre les trois Etats sur un point spécialement important : le droit maritime. Ce fut l'objet de la loi suédoise du 12 juin 1891, danoise du 1er avril 1892 et norvégienne du 20 juillet 1893. Les textes promulgués comprennent pour la Suède et la Norvège 332 et 333 articles et pour le Danemark 315 (2). Sur ces questions maritimes, la Suède et la Norvège avaient une loi : la première de 1864, la seconde de 1860. Mais en 1877, on jugea dans les deux pays nécessaire de les reviser. Le roi nomma à cet effet deux commissions, mais il leur prescrivit de délibérer en commun, ce qui était facile : la loi norvégienne ayant servi de modèle à la loi suédoise. Le projet commun avait été présenté aux Parlements en 1878. Mais en 1882, on apprit que le Danemark où une commission avait été constituée en 1870 venait de formuler un projet.

Des pourparlers s'engagèrent alors, chaque Etat nomma quatre membres d'une commission qui siégea dans différentes villes : Copenhague, Stockholm et Modum

(1) *Ann. de législ. étrangère*, 1887, p. 722.

(2) V. la traduction de ces textes précédés d'une introduction. BEAUCHET, *Lois maritimes scandinaves*, Paris, 1895.

jusqu'en 1887. De ces délibérations sortit un projet commun. Toutefois pour les pénalités et la procédure, quelques divergences existèrent. Chaque Etat après avoir consulté les personnes compétentes : corps commerciaux, autorités judiciaires nomma deux membres d'une commission chargée de rédiger le texte définitif. Celui-ci fut voté par les Parlements avec peu de changements malgré quelques plaintes des armateurs et des capitaines suédois.

Les textes promulgués ont presque réalisé l'uniformité du droit maritime en s'inspirant du Code de commerce allemand de 1867 et du Code maritime de Finlande de 1873, tout en suivant le plan général adopté dans le Code de commerce français. Toutefois les trois Etats n'ont pu s'accorder sur un critérium de nationalité des navires : la loi norvégienne exige que les propriétaires du navire soient exclusivement des Norvégiens. La loi danoise demande seulement deux tiers des propriétaires de nationalité danoise ou domiciliés au Danemark et la loi suédoise deux tiers de propriétaires suédois, en outre ces deux dernières exigent que l'armateur soit domicilié dans le pays. Il était plus difficile de réaliser l'unité sur un point où des intérêts sérieux peuvent être en conflits. Sur les points où l'unité a été obtenue, elle l'a été non en cherchant à innover, mais en cherchant à adopter les meilleures solutions connues. C'est d'ailleurs encore un des traits caractéristiques de l'unification que le travail tendra à se faire plus souvent en adoptant les règles déjà éprouvées, quitte à se rallier à des textes transactionnels, qu'en admettant pour l'ensemble des pays intéressés des solutions nouvelles. Le travail produit d'une entente a souvent ce caractère plus pondéré, je dirai presque plus timide.

L'uniformité de ces lois maritimes résultant non d'une convention, mais de lois concordantes votées par des Etats n'a d'ailleurs pas fait obstacle pour chacun d'eux à des modifications ultérieures.

Depuis quelques années des comités scandinaves préparent la revision de ces lois. De ce travail sont déjà sorties trois lois sur les marins dont le fonds est le même sauf pour les dispositions pénales. C'est la loi suédoise du 15 novembre 1922, la loi norvégienne du 16 février 1923 et la loi danoise du 1er mai 1923. La revision des autres parties du Code n'est pas encore terminée.

Sur un sujet non analogue avec le précédent, la loi danoise du 1er mai 1923 sur la circulation aérienne est l'équivalent de la loi norvégienne du 7 décembre 1923. En Suède des textes correspondants sont incorporés dans une loi du 26 mai 1922 sur la responsabilité des dommages résultant de la circulation aérienne et dans l'ordonnance sur la circulation aérienne du 26 mai 1922.

Quelques années après le vote des lois maritimes on jugea à propos de continuer l'unification des effets de commerce par une loi uniforme sur les chèques. Ce fut l'objet de la loi danoise du 23 avril 1897, norvégienne du 3 août 1897 et suédoise du 24 mars 1898 (1). Les dix-sept articles de ces diverses lois contiennent bien quelques différences. Mais dans l'ensemble le résultat

---

(1) *Ann. de législation étrangère*, 1897, p. 686.

souhaité a été obtenu : notamment en transportant ici un grand nombre de règles des lettres de change (art. 3).

Le vingtième siècle a vu se continuer le travail. De 1905 à 1907 les Etats scandinaves ont promulgué une même loi de soixante-et-onze articles sur la vente (1). Son objet est seulement de régler les effets du contrat de vente à défaut de clause contraire. Une série de points très pratiques ont été résolus. Qu'il suffise de citer : la fixation du prix, le lieu de la délivrance, l'époque d'exécution du contrat, le droit de rétention, les risques de la chose vendue, les fruits de la chose, le retard soit du vendeur, soit de l'acheteur, etc. En outre un chapitre intitulé : du sens de certaines clauses de vente fixe la portée de clauses comme franco à bord (art. 62) coût et fret, coût, assurance et fret (art. 64) franco, environ ou circa, vente d'un chargement, marchandise à livrer au commencement, au milieu ou à la fin d'un mois (art. 68), paiement comptant, contre connaissement. Ces indications suffisent à montrer combien la pratique commerciale peut gagner en évitant de nombreux procès, par une série de solutions de ce genre. Sans doute là encore on rencontre quelques divergences de textes : la loi suédoise diffère un peu des deux autres, ce qui s'explique par le particularisme du droit suédois. La loi norvégienne omet quelques paragraphes du texte danois. Mais ces différences secondaires font ressortir l'importance des résultats obtenus et elles

(1) Loi suédoise du 20 juin 1905, danoise du 6 avril 1906 et norvégienne du 24 mai 1907, v. *Ann. de législation étrangère*, 1905, p. 484, 1906, p. 475 et 1907, p. 812.

apparaissent comme des survivances destinées à disparaître avec le temps.

Plus récemment a fonctionné une Commission pour l'unification du droit des obligations qui, réunissant des délégués des trois Etats, a pu préparer plusieurs textes. Ce fut la loi suédoise du 18 avril 1914 (1) qui correspond à la loi norvégienne du 30 juin 1916 et à la loi danoise du 8 mai 1917. Elle traite des intermédiaires de commerce : commissionnaires, agents de commerce et voyageurs de commerce. Dans le texte suédois elle comprend 88 articles dont le plus grand nombre (62) s'occupent du contrat de commission, une vingtaine (art. 62 à 84) des agents de commerce. Ceux-ci ainsi que les commis-voyageurs sont envisagés à la fois dans leurs rapports avec les tiers (absence de caractère obligatoire des ventes passées par eux (art. 77 et 78), nécessité de prévenir de suite le tiers si on refuse le contrat de l'agent (art. 78 et 79) et dans ceux avec le chef de maison (rémunération, renvoi). Là encore on trouve quelques divergences de solutions. En Norvège, à la différence des autres Etats le voyageur qui a un emploi fixe chez le vendeur peut conclure des ventes obligatoires (2). En Suède et en Danemark quand la commission cesse par la faillite du commettant, le commissionnaire a droit à indemnité (art. 50-51). Plus récemment encore a été promulguée la loi suédoise du 11 juin 1915 (correspondant à la loi danoise du 8 mai 1917 et à la loi norvégienne du 31 mai 1918) sur les accords et autres

(1) V. *Ann. de législation étrangère*, 1914, p. 350 et 1917, p. 329.
(2) V. art. 88, 91 et 92.

transactions en matière de biens (1). Elle comprend 40 articles sur la conclusion des contrats : la valeur de l'offre et la possibilité de la retirer (art. 1-7), les pouvoirs en matière de conventions (art. 10-24), les déclarations de volonté non valables (art. 28-38), les retards de la poste et du télégraphe (art. 40) (2).

A peu près en même temps était mise en vigueur la loi suédoise du 11 juin 1915 (semblable à la loi danoise du 12 mai 1917 et à la loi norvégienne du 21 juillet 1916) sur les paiements par acompte qui comprend de 7 à 17 articles (3).

A la suite des conférences des juristes scandinaves qui se tiennent alternativement dans les trois pays et spécialement de celles de 1919, un nouvel effort fut tenté en vue de l'adoption de textes identiques. Cette fois on aborda la question plus délicate de l'unification du droit de la famille. Sur ce nouveau terrain, on a promulgué la loi suédoise du 12 novembre 1915 (4) correspondant à la loi norvégienne du 31 mai 1918 et à la loi danoise du 30 juin 1922. Elles concernent la conclusion et la dissolution du mariage. Les textes contiennent quelques différences. La loi norvégienne permet aux hommes de se marier à dix-huit ans révolus. Les autres lois exigent vingt et un ans.

---

(1) V. *Ann. de législation étrangère*, 1917, p. 327.

(2) Il y a seulement quelques différences, art. 21-23, tenant à des différences quant à la faillite et à l'interdiction. En outre l'art. 38-2° de la loi danoise n'est pas reproduit en Suède.

(3) *Ann. de législation étrangère*, 1917, p. 332. Les règles de fonds (art. 1 à 9) sont pareilles, mais la procédure diffère beaucoup (art. 10).

(4) *Ann. de législation étrangère*, 1915, p. 376. — V. Reau, *Les lois suédoises sur le mariage*, p. 87.

Elle admet la nullité du mariage en cas de bigamie, de parenté ou d'alliance, les autres parlent d'annulabilité. Il y a également quelques divergences pour la prohibition à raison de maladies vénériennes, pour la durée de la séparation de corps, la manière de prononcer le divorce.

Depuis, la loi suédoise a été remplacée le 11 juin 1920 par une autre, mais dix chapitres correspondent à la loi du 12 novembre 1915. Elle résulte d'un projet élaboré en commun en 1918. Elle consacre au mariage et à ses effets plus de 150 articles. En Norvège un projet sur les effets du mariage n'a pas encore été soumis au Parlement.

Mais au Danemark une loi du 18 mars 1925 a déjà été votée et elle correspond aux chapitres 5 à 9 de la loi suédoise, sauf en ce qui concerne le régime matrimonial (la communauté étant admise au Danemark).

La loi danoise du 26 mars 1923 sur l'adoption est identique à la loi norvégienne du 2 avril 1917 et à la loi suédoise du 14 juin 1917. La loi danoise du 30 juin 1922 sur la majorité correspond à la loi suédoise du 27 juin 1924 sur la tutelle dans ses parties principales. En outre deux lois suédoises du 27 juin 1924 contiennent les mêmes règles que la loi danoise sur la responsabilité des enfants et aliénés et sur les actes juridiques des aliénés. En Norvège un projet correspondant en partie à cet objet est soumis au Parlement.

Enfin un projet sur les assurances est en préparation depuis 1925. Il est soumis aux Parlements des trois pays et, malgré certaines différences, le fonds est le même.

Après des délibérations interscandinaves, les trois pays ont adopté des lois sur l'acquisition et la perte de la nationalité : c'est la loi suédoise du 23 mai 1924, la loi norvégienne du 8 août 1924 et la loi danoise du 18 avril 1925. La plupart des règles en sont identiques (1).

Cette unification scandinave parait mériter l'attention soit par sa méthode, soit par ses résultats. L'unification a été réalisée sans traité et les Parlements en adoptant les textes proposés ont donné un exemple de sagesse par le peu de modifications qui ont été introduites. En outre ils ont accepté l'unification dans les rapports internationaux et dans les rapports internes, ce qui est un résultat très important.

Les résultats obtenus qui sont fort étendus montrent bien dans une partie quels sont les domaines où se manifeste le plus le besoin d'unification. On a voulu d'abord unifier sur les points où les rapports commerciaux rendent plus gênante la diversité des législations : lettre de change, droit maritime, vente, etc. On est allé jusqu'à unifier certains points du droit de famille. Mais ceci n'a été possible que par la proche parenté des habitants de ces trois pays et il semble qu'en général l'unité de cette partie du droit si influencée par la tradition et les mœurs ne peut être utilement tentée.

---

(1) Signalons encore que plusieurs lois scandinaves ont servi de modèle aux lois votées en Islande. De plus, après la guerre, la Finlande s'est associée au travail législatif interscandinave. Elle a collaboré à la préparation des projets sur les marins et le contrat d'assurance, et le gouvernement de Finlande a pris comme modèle de projets certaines lois scandinaves.

Transports par chemins de fer

L'unification internationale du droit s'est manifestée sur une plus large étendue par voie de traités (1) que par voie législative. Elle a porté principalement sur la matière des transports : les transports internationaux soit de marchandises soit de correspondances souffrant considérablement de la diversité des législations.

L'idée de l'unification du droit des transports ne se fit jour que péniblement. Emise pour la première fois en Suisse à l'Assemblée fédérale en 1874, elle dut passer par trois conférences officielles tenues à Berne en 1878, en 1881 et en 1886 pour aboutir à la Convention définitive de Berne du 14 octobre 1890 sur le transport des marchandises par chemins de fer (2). Modifiée à plusieurs reprises, notamment le 16 juin 1898 et le 19 septembre 1906, elle groupait en 1924 dix-huit Etats européens (3). Elle contenait 60 articles. Sauf quelques points où elle se contentait de résoudre des questions de conflits de lois, elle établissait des règles uniformes pour les transports

(1) V. sur ces Unions, Renault, *Revue de droit international public*, III, p. 14 ; Kazansky, *id.*, IX, p. 353 ; Fauchille, *Droit international public*, I, 3e partie, p. 452 et suiv. ; Poinsard, *Droit international conventionnel*.

(2) V. Lyon-Caen et Renault, *Traité de droit commercial*, III, n° 856 ; Josserand, *Transports*, n° 35 *ter* ; Valéry, *Droit international privé*, p. 1348.

(3) Allemagne, Autriche, Belgique, Bulgarie, Danemark, France, Hongrie, Italie, Luxembourg, Norvège, Pays-Bas, Pologne, Roumanie, Russie, Yougoslavie, Suède, Suisse, Tchécoslovaquie.

internationaux. Elle fixait les droits et les obligations respectives de l'expéditeur, du destinataire, des diverses Compagnies. Elle établissait l'obligation pour la Compagnie de départ d'admettre tout transport international par lettre de voiture directe (art. 1er). Elle fixait les formalités au départ, le droit de disposition de la marchandise en cours de route (art. 15), le taux des indemnités en cas de perte, d'avarie ou de retard (art. 30-31-40), la répartition du prix de transport ou des indemnités entre les Compagnies (art. 23, 47 à 51), etc. Mais la Convention ne touchait pas aux règles du service intérieur que chaque Etat restait libre de fixer par une loi comme il l'entendait.

En même temps la Convention avait décidé de créer un organe permanent : l'Office central des transports internationaux qui a son siège à Berne. Il recueille des renseignements, il publie dans un Bulletin des transports internationaux les règlements de transport des Etats adhérents. Il sert d'intermédiaire sur demande entre les Compagnies pour les règlements de compte. Enfin la Convention de 1906 avait prévu qu'une Conférence aurait lieu tous les cinq ans pour examiner à nouveau la Convention. Ainsi apparaissait ce trait fréquent dans les Conventions de ce genre : la prévision de réunions périodiques pour le perfectionnement de l'œuvre réalisée.

A la suite de la guerre (1), le Traité de Versailles prévoyait (art. 366) que la Convention de Berne serait remise

(1) V. pour plus de détail BRUNET et DURAND, *Les transports internationaux par voie ferrée.*

en vigueur et renouvelée dans un délai de cinq ans et que l'Allemagne devrait y adhérer. Puis pendant qu'en 1922 la Conférence internationale de Gênes votait des vœux généraux et que l'Union internationale des chemins de fer se constituait à Paris, le gouvernement français qui, en 1921 avait préparé un projet de revision de la Convention de 1890, obtint du gouvernement suisse la convocation d'une Conférence à Berne en mai 1923 qui approuva un projet de Convention sur les marchandises avec sept annexes, une Convention additionnelle et, innovation importante, un projet de Convention sur les voyageurs et leurs bagages avec deux annexes. Finalement le 23 octobre 1924 les deux Conventions sur les marchandises et les voyageurs furent signées. La première vise les transports par chemins de fer ou même par service de navigation ou d'automobile complétant le service par voie ferrée et fonctionnant sous sa responsabilité. Je n'essaierai même pas d'analyser les principales dispositions de cette Convention qui est fort longue (63 articles) et dont chaque article contient de multiples paragraphes. Elle réglemente avec soin le contrat, la responsabilité des Compagnies, les constatations à faire la durée des actions, les règles pour remplir les formalités de douanes. Pour les comptes, elle prend comme base le franc-or. Elle prévoit une nouvelle Conférence au plus tard cinq ans après la mise en vigueur de la Convention ou auparavant sur la convocation du gouvernement suisse. Le traité oblige pour cinq ans au moins. Après, chaque Etat est lié pour trois ans, sauf à dénoncer au moins un an à l'avance.

La seconde Convention, qui est entièrement nouvelle, concerne les voyageurs. Elle vise les transports par chemins de fer et transports annexes. Elle réglemente de façon uniforme le tarif applicable aux enfants, la durée de validité des billets, le transport des bagages, la responsabilité du voiturier pour les colis à main, le montant de l'indemnité. Sa revision et sa durée ont été fixées comme pour les marchandises. Ces deux Conventions furent signées par les représentants de vingt-quatre Etats européens, c'est-à-dire de tous les pays de l'Europe continentale, sauf la Russie et la Turquie.

Transports par la poste (1)

L'organisation de transports internationaux des correspondances remonte au Moyen Age. Sans compter les messagers de la Ligue hanséatique, on voit dès le xve siècle Roger de Taxis organiser un service entre les Pays-Bas, la cour de France, celle d'Allemagne et l'Espagne. A partir du xviie siècle, la France commence à conclure des Conventions pour la transmission des lettres à l'étranger. Au xixe siècle ces Conventions se multiplièrent. En 1857 apparut la première avec un Etat américain, les Etats-Unis. Plus tard, la France traita également avec le Brésil, l'Uruguay, le Pérou. Mais il manquait une uniformité de principes facilitant les relations avec l'ensemble des pays étrangers. Cet inconvénient

(1) V. not. Louis Rolland, *Correspondance postale et télégraphique dans les relations internationales.*

devait davantage se faire sentir avec le développement industriel et commercial.

En 1862, les Etats-Unis prirent l'initiative d'une Conférence qui s'ouvrit à Paris le 18 mai 1863 et qui réunissait quinze Etats dont les Etats-Unis et Costa-Rica pour l'Amérique. Les délégués avaient mission de formuler des principes sur le fonctionnement des Postes dans les relations internationales. Parmi les vœux les plus importants sur lesquels les membres de la Conférence s'accordèrent, on peut citer celui de l'établissement de taxes internationales sur une base unique et si possible internationale, celui d'une surtaxe sur les lettres non affranchies, celui d'une admission générale des envois recommandés. En même temps que ces règles fondamentales aussi importantes pour les usagers des services postaux que pour les Administrations postales, on en admit d'autres concernant exclusivement ces dernières : comme celles sur le coût du transit, la simplification des décomptes.

De ces vœux généraux, il fallait passer à des applications précises.

En 1868 le directeur des Postes de l'Allemagne du Nord publiait un rapport où il préconisait que dans les relations internationales les divers Etats fussent considérés comme constituant un territoire unique avec identité de taxes. Les Etats consultés à ce sujet se montrèrent favorables à l'innovation.

Les événements de 1870 ayant naturellement entravé le mouvement qui se préparait, celui-ci recommença cependant bientôt. En 1872, le directeur des Postes d'Allemagne reprit l'idée par lui émise et demanda qu'un Etat neutre prît l'initiative d'une Conférence. Ce fut la Suisse. C'est ainsi qu'une Conférence se réunit à Berne le 15 septembre 1874 comprenant vingt-deux Etats tous européens, à l'exception des Etats-Unis et de l'Egypte. Des débats de la Conférence sortit le traité du 3 mai 1875 intitulé *Traité portant création d'une Union générale des Postes.*

Sans difficulté, la Conférence accepta un certain nombre de principes généraux. L'art. 1er, qui fut voté à l'unanimité, portait que « les pays entre lesquels est conclu le Traité formeront sous la désignation d'Union générale des Postes un seul territoire postal pour l'échange réciproque des correspondances entre les bureaux de postes ». C'était le principe préconisé depuis 1863 de l'unification internationale des taxes postales, principe qui fut ensuite adopté sans opposition, qui était ainsi implicitement consacré. C'était aussi la règle que formulait plus loin l'art. 11, que les pays de l'Union seront libres de conclure telle Convention qu'il leur plaira avec les Etats restés étrangers à celle-ci. On suivait ainsi la voie prudente qui s'impose dans les Conventions d'unification consistant à éviter que celles-ci ne soulèvent des difficultés en réagissant contre les tiers. C'était encore la règle que l'art. 14 formulait plus explicitement : que la Convention ne portait pas atteinte à la législation interne de chaque pays. Ici également on voulait se montrer circonspect dans les innovations : ne pas modifier par trop la situation de chaque Etat, lui laisser sa liberté pour les transports postaux les plus nombreux et cependant préparer l'unification en ce sens que chaque Etat n'aurait plus désormais que deux réglementations postales : l'une pour le service interne, l'autre pour le service international.

D'autres règles de la Convention furent adoptées moins facilement. Un point souleva même une vive discussion. Il avait été proposé que, dans l'hypothèse de perte d'un objet recommandé, au cas où on ne saurait comment il a disparu, le pays sur le territoire duquel la perte a eu lieu serait responsable, sauf règle interne contraire. Cette exception fut critiquée et une solution contraire ne fut repoussée qu'à une faible majorité. On laissa cependant cette exception singulière pour arriver à une adhésion générale des membres de la Conférence.

En même temps que ces principes d'ordre général qui fixent les relations des habitants de chaque Etat vis-à-vis des Administrations, lorsqu'elles effectuent des transports postaux internationaux, la Convention consacrait aussi des principes administratifs réglementant seulement les rapports entre les services. Et ici comme en d'autres matières, ces principes faisant suite ou parfois mêlés aux dispositions établissant les droits des particuliers ont fait ombre sur ces dernières et ont masqué ce que ces Conventions ont fait de très important pour l'unification du droit privé. Parmi ces règles on peut citer celle en vertu de laquelle chaque Etat garde toute la taxe qu'il aura perçu (art. 9) et celle d'après laquelle le transit est à la fois libre et payant (art. 10).

Si l'on entre davantage dans les détails de cet important traité, point de départ de tout un mouvement d'amélioration dans les transports internationaux par la poste, on constate d'abord sa largeur d'application, puisque, d'après l'art. 2, il vise non seulement les lettres et cartes correspondances, mais les livres, journaux et autres imprimés, les échantillons et les papiers d'affaires. De plus l'art. 5 a prévu que ces divers envois au lieu d'être purs et simples, ce qui entraîne l'irresponsabilité des Administrations qui transportent, pourront être faits sous recommandation. Il suffit pour cela d'affranchir l'envoi au départ et de payer une taxe égale à celle de recommandation dans le service interne du pays expéditeur. La responsabilité de l'Administration qui a perdu l'objet est alors engagée à concurrence de cinquante francs. Comme celle d'un voiturier quelconque, elle disparaît en cas de force majeure. Elle est également soumise à une prescription abrégée : une année depuis la remise à la poste de l'envoi. Le traité a également établi l'uniformité sur un point très important. La taxe pour les envois à l'étranger est fixée d'une façon uniforme et elle est payable en timbres-poste du pays expéditeur (art. 6), sauf pour les correspondances officielles qui seules sont admises en franchise.

Le Traité contenait encore deux solutions importantes moins par elles-mêmes que parce qu'elles se présentent comme les premiers points d'émergence d'idées générales capitales pour le bon fonctionnement des ententes visant à l'unification du droit. L'art. 18 déclarait que tous les trois ans au moins un Congrès de plénipotentiaires serait réuni en vue de perfectionner le système de l'Union, d'y introduire les améliorations jugées nécessaires. Les auteurs du traité se sont parfaitement rendu compte que les œuvres d'unification ne peuvent constituer un bloc immuable, qu'elles ont besoin d'être retouchées quand on en a senti les défauts sur certains points ou lorsque les circonstances se sont transformées. Nous verrons d'ailleurs que cet article n'a été qu'un point de départ et que le rôle de ces Congrès s'est trouvé amplifié. En même temps, il était créé (art. 15) un Bureau international de l'Union chargé de coordonner et de publier les renseignements intéressant le service international des Postes, d'instruire les demandes de modification au règlement d'exécution, de procéder aux études et travaux dont il est saisi. C'est donc encore un organe de perfectionnement et de mise en œuvre. En outre il a un rôle administratif en ce qui concerne la comptabilité internationale, rôle que nous laisserons de côté. Enfin (art. 16) le Traité prévoyait l'organisation d'un arbitrage entre Etats en cas de dissentiment sur l'interprétation du Traité. Ces diverses mesures montrent que pour assurer la vie pratique de l'unification, il faut se préoccuper de créer une sorte d'organe législatif, au moyen de Congrès, un organe administratif et un organe judiciaire.

Cette unification des transports postaux s'est développée depuis un demi-siècle à la fois au point de vue externe et au point de vue interne. Le traité de 1875 ne contenait que la signature d'Etats européens à l'exception des Etats-Unis et de l'Egypte. La Convention signée à Paris à la suite du second Congrès postal le 1er juin 1878 comptait celle de nouveaux Etats, principalement d'Amérique : la République Argentine, le Brésil, le Canada, le

Mexique, le Pérou, Salvador, le Japon. Plus tard, au Congrès de Lisbonne de 1885 les adhésions américaines et asiatiques augmentèrent encore : la Bolivie, le Chili, la Colombie, Costa-Rica, la République dominicaine, l'Equateur, le Guatémala, Honduras, Nicaragua, le Paraguay, l'Uruguay, le Pérou, la Perse, le Siam signèrent l'Acte additionnel du 21 mars 1885. Il y a eu aussi une augmentation constante des adhésions et la Convention signée à Madrid le 30 novembre 1920 portait en outre la signature de la Chine, du Congo, de Cuba, de l'Ethiopie, de la Finlande, de l'Islande, du Maroc, de la Pologne, de la Serbie, de la Tchécoslovaquie, etc. Au total cinquante-cinq Etats sans compter les colonies, les Dominions anglais y ont adhéré. Aussi pour répondre à ce développement, la Convention de 1878 déclarait que l'Union porterait désormais le nom d'*Union postale universelle.*

En même temps que ce développement en surface, l'Union s'est successivement perfectionnée dans ses dispositions. La Convention de 1878 a prévu la demande d'un avis de réception pour les objets recommandés (art. 6), l'interdiction d'envoyer par la Poste des matières d'or et d'argent, monnaies, bijoux et objet précieux (règle d'ailleurs atténuée en 1885) ou des objets passibles de droits de douane (art. 11). Plus tard le Congrès de Lisbonne aboutissait à l'acte additionnel du 21 mars 1885 qui prévoyait notamment la possibilité de créer des cartes postales avec réponse payée (art. 2). Il prévoyait aussi (art. 5 *bis*) que « l'expéditeur d'un objet de correspondance peut le faire retirer du service ou en faire modifier l'adresse tant que cet objet n'a pas été remis au destinataire » et ce moyennant certaines taxes. La possibilité pour l'expéditeur d'exiger la remise au domicile du destinataire par exprès immédiatement après l'arrivée était également établie (art. 9 *bis*). La responsabilité en cas d'envoi recommandé était réglée plus nettement (art. 6 *bis*) : l'obligation de payer incombant à l'Etat expéditeur, sauf son recours contre l'Etat qui ne peut justifier de la remise ou de la perte par force majeure. Plus tard la Convention signée à Vienne le 4 juillet 1891 contenait de nouvelles améliorations : la possibilité d'envoyer des correspondances recommandées grevées de remboursement pouvant atteindre 500 francs (art. 7), somme portée plus tard à 1.000 francs ; la possibilité sous certaines conditions d'envoyer par la poste des matières d'or et d'argent, pierreries, etc. (art. 16) et certaines facilités pour les dimensions des objets transportés et le prix de l'envoi des mandats. Outre diverses améliorations accessoires, l'art. 18 prévoyait l'engagement des hautes parties contractantes de prendre ou de proposer à leurs législatures respectives les mesures nécessaires pour punir l'emploi frauduleux pour l'affranchissement de correspondances de timbres contrefaits ou ayant déjà servi, interdire et réprimer les opérations frauduleuses de fabrication, vente, colportage ou distribution de vignettes et timbres en usage dans le service des postes contrefaits ou imités de manière à prêter à confusion avec les véritables. Cet article est intéressant en ce qu'il offre un nouveau type d'unification. Les signataires au lieu d'adopter un texte uniforme s'engagent, ce texte étant difficile à rédiger en matière pénale, à proposer des dispositions dans un certain but. C'est donc un but unique qui est ainsi poursuivi par les législateurs, ce qui amène une certaine unité de fonds du droit, mais sans réaliser ni l'unité de répression, ni l'unité de forme. On peut dire qu'il y a simplement ici unité téléologique.

La Convention de Washington du 15 juin 1897 prévoyait de plus (art. 7) la possibilité pour un Etat d'accepter la responsabilité des envois recommandés même en cas de force majeure.

Au xxe siècle, la Convention postale de Rome du 26 mai 1906 a créé (art 11 2°) le coupon réponse échangeable dans les pays où il est présenté contre un timbre ou la même somme en monnaie de ce pays, il a prévu la gratuité pour les correspondances concernant les prisonniers de guerre (art. 11 4°).

L'avant-dernière Convention signée à Madrid le 30 novembre 1920 a complété les dispositions sur les envois contre remboursement (art. 8), réglementé la délivrance de cartes d'identité et fixé leur portée quand la remise d'un objet a été fait au porteur (art. 9), surtout elle a pris comme base monétaire le franc-or (art. 12).

Enfin une Convention a encore été signée à Stockholm le 28 août 1924 avec divers autres arrangements (1).

---

(1) Il a été signé à Stockholm une convention postale de 80 articles, un arrangement de 33 articles concernant les lettres et boîtes avec valeur déclarée et un autre de 18 articles concernant les abonnements et écrits périodiques, un troisième de 35 articles sur les mandats de poste, un quatrième de 24 articles sur les recouvrements, un de 22 articles sur les colis postaux, un de 52 articles sur les colis postaux. La France les a promulgués le 10 octobre 1925.

En même temps que les Conventions marquaient ainsi des progrès dans la fixation des rapports entre les particuliers et les Administrations, des dispositions précisaient comment elles pourraient être elles-mêmes perfectionnées. Non seulement des Congrès quinquennaux ont été prévus, mais l'art. 28 de la Convention de Madrid prévoit que des propositions peuvent être faites dans l'intervalle des réunions. Pour être prises en considération, elles doivent être appuyées par deux administrations au moins, en dehors de celle qui a pris l'initiative. Elles sont communiquées aux Administrations, qui ont six mois pour présenter leurs observations, sans pouvoir présenter d'amendement. Ces observations sont transmises aux Administrations qui ont six mois pour faire parvenir un vote. Celui-ci doit réunir l'unanimité des suffrages dans certains cas énumérés : taxes, envois recommandés, etc. Mais il suffit d'une majorité des deux tiers pour les autres cas et de la majorité simple s'il s'agit de l'interprétation de la Convention. Le gouvernement helvétique par une déclaration transmise aux gouvernements consacre la proposition. On est donc arrivé à ce résultat que non seulement des changements sont possibles à l'unanimité, mais que la majorité des suffrages peut imposer des améliorations. Il s'agit donc ici d'une sorte de Parlement international qui impose sa volonté à une minorité.

On ne peut avoir une idée complète de l'unification réalisée ici sans tenir compte des Unions restreintes qui se sont formées. Elles avaient été prévues par le Traité de 1875 (art. 13 et 14) qui mentionnait la possibilité d'unions plus limitées en vue d'une amélioration progressive des relations postales. Ces unions sont importantes par leur nombre et par la méthode qu'elles appliquent pour le progrès de l'unification. Quelques Etats plus progressifs peuvent s'entendre pour une amélioration dans leurs relations. Il est à souhaiter que ces réalisations soient faites dans ce petit domaine à côté de l'unification plus large de l'Union générale. Ces tentatives une fois expérimentées pourront, en cas de succès, être acceptées par de nouveaux adhérents et devenir règles de l'Union générale.

Le Congrès de Paris consacra le premier un arrangement pour l'échange des mandats conclu entre quatorze Etats et un autre entre seize Etats pour l'envoi de lettres avec valeur déclarée, arrangement établissant la responsabilité envers le destinataire en cas de perte (art. 8). A la suite du Congrès de Lisbonne, l'arrangement du 21 mars 1885 entre onze Etats organisa les encaissements par la poste des quittances, factures, billets à ordre, traites et autres valeurs commerciales ne dépassant pas mille francs. Ce texte prévoyait le cas de perte de l'effet, et en ce cas une indemnité de 50 francs, et le cas de perte des sommes encaissées (indemnité totale, art. 10).

Le Congrès de Vienne amena la signature le 4 juillet 1891 de cinq arrangements : l'un sur les colis postaux, l'autre sur les lettres et boîtes avec valeur déclarée, le troisième sur les mandats poste, les deux autres sur les recouvrements et les livrets d'identité. Il est d'ailleurs à remarquer que l'objet de certains de ces arrangements limités a pénétré depuis dans la convention d'Union postale universelle. Ces cinq arrangements furent d'ailleurs retouchés dès le Congrès suivant, le 15 juin 1897. A son tour le Congrès de Rome, le 26 mai 1906, les remania.

Enfin à Madrid, outre les arrangements sur quatre des objets précédents, on en adopta d'autres sur les abonnements aux journaux et écrits périodiques, et les virements postaux. Tout ce travail donne donc l'impression d'un développement constant. A chaque nouvelle réunion quelque progrès se réalise. On a l'impression que bien des préventions s'atténuent, que des obstacles tombent peu à peu. Si l'on considère ce qui a été fait en un demi-siècle, on est étonné des résultats obtenus.

Transmissions télégraphiques (1)

La transmission rapide des nouvelles réalisée d'abord par les signaux de Chappe, plus tard par la télégraphie électrique, devait prendre un caractère international exigeant une réglementation internationale dès que le développement de la grande industrie rendrait ce moyen de transmission tout à fait usuel. C'est ce qui se produisit au milieu du XIXe siècle. Ici comme ailleurs les réalisations furent progressives. On commença par signer des traités spéciaux avant de poser les bases d'une Union ayant un caractère général. Peu après le traité austro-prussien de 1849, était signée la Convention franco-suisse du 23 décembre 1852. En même temps qu'elle établissait des règles administratives pour assurer la transmission

(1) V. Louis ROLLAND, *op. cit.*, p. 130 et suiv.

des télégrammes, elle contenait un certain nombre de règles fixant les droits des particuliers vis-à-vis de l'Administration. Ainsi elle établissait une base de taxe uniforme (art. 8 et 12), la gratuité de la remise à domicile (art. 10), la possibilité d'obtenir un accusé de réception (art. 14), le droit de payer d'avance la réponse (art. 15), le droit de faire remettre plusieurs exemplaires d'une dépêche dans une même station moyennant une taxe réduite (art. 17), les conséquences des retards accidentels ou fautifs dans la transmission (art. 19), l'irresponsabilité pour transmissions inexactes (art. 26).

Presque en même temps étaient signées la Convention entre la France, la Belgique et la Prusse du 4 octobre 1852, cette dernière signant au nom de l'Autriche, de la Bavière et de la Saxe, celle du 18 mars 1853 entre la France et la Sardaigne, cette dernière Convention étant beaucoup plus sommaire. Peu après une Convention nouvelle du 30 juin 1858 régissait à nouveau les relations de la France, de la Belgique et des principaux Etats allemands, et une autre Convention du 1er septembre 1858 réglait à nouveau les relations de la France, de la Belgique, des Pays-Bas, de la Sardaigne et de la Suisse, et l'Espagne adhérait à ces Conventions.

A cette double série d'ententes, il était naturel que succédat une entente plus générale dans laquelle on chercherait à grouper les divers Etats européens. Ce fut le résultat auquel on parvint à la suite du Congrès tenu à Paris en 1865. La Convention du 17 mai 1865 groupait vingt Etats européens, c'est-à-dire à peu près la totalité des Etats continentaux. En plus de soixante articles, elle s'occupait de déterminer les droits très nombreux de l'expéditeur du télégramme vis-à-vis des Administrations pour obtenir que celui-ci soit acheminé à destination.

Les principes fondamentaux sont tout d'abord que les Etats reconnaissent à toutes personnes le droit de télégraphier à l'étranger, toutefois ils n'acceptent à raison de ce service aucune responsabilité (art. 4 et 6). Les divers articles déterminaient ensuite les règles du dépôt, de la transmission et de la remise. Le dépôt peut se faire en une quelconque des langues usitées dans les pays contractants, sauf à un Etat à en admettre seulement certaines parmi celles usitées chez lui. L'admission de dépêches en chiffre ou en langage secret n'est acceptée qu'en cas d'entente entre l'Etat expéditeur et le pays destinataire (art. 9). La minute doit être signée; les interlignes, renvois ou ratures sont approuvés (art. 10).

L'expéditeur peut adresser un télégramme avec réponse payée (art. 23), ce qui permet d'envoyer une réponse gratis dans les huit jours. Si cela n'a pas été fait, le bureau d'arrivée prévient l'expéditeur. On peut adresser un télégramme recommandé (art. 24), le bureau d'arrivée doit alors envoyer à l'expéditeur copie de la dépêche remise avec indication de l'heure de la remise et de la personne à qui elle a été faite. S'il n'y a pas eu de remise, on avertit l'expéditeur des raisons de ce fait. L'expédition peut encore avoir lieu avec mention : faire suivre et indication d'une nouvelle adresse (art. 26). Une dépêche peut être remise avec indication de plusieurs destinataires dans une ou dans plusieurs localités (art. 27).

La transmission des dépêches privées est réalisée dans l'ordre des dépôts, mais les dépêches d'Etat et de service ont la priorité (art. 11). En cas d'interruption du service la dépêche est acheminée par la poste ou par un autre moyen plus rapide (art. 14). L'expéditeur peut, en justifiant de sa qualité, arrêter la dépêche s'il en est encore temps (art. 15).

Quant à la remise, l'expéditeur peut spécifier qu'elle se fera ou poste restante ou à domicile (art. 16). Si le destinataire est absent le télégramme est remis aux membres adultes de sa famille, à ses employés. Mais l'expéditeur peut spécifier que la remise se fera à tel délégué du destinataire (art. 17). Si la dépêche ne peut être remise, avis en est laissé au domicile du destinataire, qui peut venir en prendre livraison au bureau pendant six semaines, après quoi le télégramme est détruit.

Un contrôle est assuré aux différents bureaux intéressés. Ils ont le droit d'arrêter les télégrammes paraissant dangereux pour la sécurité de l'Etat, contraire aux lois du pays, à l'ordre public et aux bonnes mœurs. Mais ils doivent avertir l'expéditeur (art. 19).

La Convention réglementait encore l'obligation des archives et les taxes.

Les bureaux sont tenus de garder les originaux ou copies pendant un an. Ceux-ci restent secrets. Mais l'expéditeur ou le destinataire peuvent en prendre connaissance et en demander copie certifiée (art. 22).

En ce qui concerne les taxes, le grand principe est l'uniformité de la taxe (art. 30), le texte indiquant pour chaque pays la somme à percevoir pour un franc français d'après la valeur de la monnaie locale. En même temps des dispositions de détail fixaient les règles d'applications des taxes : la manière de compter les chiffres, les mots composés, etc, les taxes spéciales pour recommandations, réponses payées (art. 38-43), l'obligation de payer la taxe au départ (art. 44). Enfin on prévoyait la restitution de la taxe de toute dépêche dont la transmission n'était pas effectuée (art. 46).

La Convention prévoyait encore, outre des mesures administratives et la confection d'un règlement commun, que l'unité internationale pourrait se développer en tenant des Conférences périodiques et en concluant entre Etats des ententes restreintes dans le cadre général de l'Union.

Une première revision résulta de la Convention de Vienne du 21 juillet 1868, qui retoucha un certain nombre de points. Successivement la Convention de Rome du 14 janvier 1872, celle de Saint-Pétersbourg du 10 juillet 1875 firent de même. Puis la Conférence de Londres du 28 juillet 1879 modifia les taxes.

De nouvelles modifications résultèrent encore des Conventions de Berlin (17 septembre 1885), de Paris (21 juin 1890) et de Budapest (22 juillet 1896). La dernière Convention a été celle adoptée à Londres le 10 juillet 1903 (1).

Ce qui la caractérise, c'est que non seulement les Etats

(1) Une conférence pour reviser les textes réglementaires s'est en outre réunie à Paris le 1er septembre 1925. Elle a envisagé le compte des mots, la réglementation des langues admises, etc. V. Fauchille, *Droit international public*, I, 3e partie, p. 171.

européens l'ont signée pour eux et leurs colonies et pays de protectorat, mais elle a obtenu l'adhésion d'Etats non européens : la République Argentine, le Brésil, l'Uruguay, l'Egypte, le Japon, la Perse et le Siam.

Le règlement de la Conférence de Londres contient de nombreux textes fixant les droits des particuliers : par exemple sur la rédaction de l'adresse (art. XIII), la signature qui est facultative, la légalisation de signature (art. XIV), le compte de mots (art. XVIII), la base de calcul des taxes qui est le franc (art. XXVII), l'annulation des télégrammes (art. XLIV), la remise à destination (art. XLVII), les télégrammes spéciaux (télégrammes urgents, avec réponse payée, avec accusé de réception, à faire suivre, etc ; (art. XLVIII à LVI), les télégrammes de presse (art. LXV), etc.

En vertu de ces Conventions générales diverses Conventions spéciales ont été conclues. C'est ainsi qu'entre la France et des pays limitrophes des Conventions ont été passées en vue de réglementer les communications téléphoniques pour spécifier l'irresponsabilité des Etats, la possibilité d'établir les communications avec les cabines publiques ou les postes d'abonnés, etc. (1).

Transmissions Radiotélégraphiques

Depuis un quart de siècle, un autre mode de communication des idées, dont l'Argentine a été la première

(1) Convention franco-belge, 29 octobre 1898 ; franco-suisse, 3 février 1899; franco-italienne, 16 juillet 1899; franco-allemande, 28 mars 1900; franco-anglaise, 29 juillet 1902.

à user en Amérique, s'est développée. C'est la radiotélégraphie. Pour en réglementer le fonctionnement international se tint à Berlin du 3 octobre au 3 novembre 1906 une Conférence qui aboutit à rédiger une Convention portant la signature de vingt-sept Etats, parmi lesquels se trouvaient, outre les principaux Etats européens, les Etats-Unis, l'Argentine, le Brésil, le Chili, le Mexique. La Convention a surtout un caractère administratif. Mais elle contient certaines mesures fixant les droits des particuliers : la base des taxes à percevoir, la priorité accordée aux signaux de détresse des navires et à la réponse (art 9), et en outre elle applique à ces communications un certain nombre de règles de la Convention de Saint-Pétersbourg sur les relations télégraphiques.

Depuis ce texte a été remanié et complété par une Convention de Londres du 5 juillet 1912 et un règlement de la même date. Ce texte contient diverses règles touchant les intérêts des particuliers. Les télégrammes doivent porter la mention : Radio. La manière de transmettre les télégrammes reçus des navires est réglementée (art. 15). La perception doit se faire au départ (art. 19) et le compte de mots fait à la station de départ est décisif (art. 19). Un avis doit être donné à la station du départ si le télégramme ne peut être remis à destination (art. 36). Les originaux sont conservés pendant quinze mois (art. 40). Les détaxes et remboursements ont lieu en principe comme en matière télégraphique (art. 41).

Circulation internationale

La circulation des personnes à travers les frontières s'étant développée par deux modes nouveaux : la circulation automobile et la navigation aérienne, des ententes internationales devinrent là aussi nécessaires pour faciliter cette circulation grâce à l'adoption d'un régime uniforme. Celui-ci s'est particulièrement développé pour la navigation aérienne.

Navigation aérienne

La navigation aérienne était à peine apparue comme mode de transport des particuliers et de colis qu'à raison de son caractère international il fallut signer à son sujet une entente entre les principaux pays européens. Ce fut la Convention de Paris du 13 octobre 1919 qui groupait outre la plupart des Etats européens alliés au cours de la guerre plusieurs Etats américains (Etats-Unis, Bolivie, Brésil, Cuba, Equateur, Uruguay), au total vingt et un Etats.

Cette Convention a des objets très variés. Elle pose d'abord le principe de droit international de la souveraineté de l'Etat sur l'atmosphère correspondant à son territoire et aux eaux territoriales adjacentes (art. 1er). Mais aussitôt il admet une idée très importante qui restreint la première : en temps de paix les Etats doivent accorder aux aéronefs des autres Etats la liberté de passage à condition de se conformer à la Convention (art. 2). Toutefois un Etat peut interdire le survol de certaines zones pour raison d'ordre militaire ou de sécurité publique, mais à condition de ne faire aucune différence entre ses aréonefs et les aéronefs étrangers (art. 3). Un aéronef qui traverse sans atterrir l'atmosphère d'un autre Etat doit suivre l'itinéraire fixé par l'Etat survolé (art. 15).

Un aéronef doit être muni de certaines pièces (art. 19) pour tous ses voyages : certificat d'immatriculation, de navigabilité, brevets des pilotes, et pour chaque voyage : la liste des passagers, le connaissement et le manifeste des colis. Il ne peut pas se livrer à certains transports : explosifs, armes et munitions de guerre (art. 26). S'il est affecté au transport de personnes, il est obligé d'avoir des appareils de T. S. F. (réception et émission) (art. 14).

L'atterrissage est moins nettement réglé. L'art. 2 dit simplement que l'admission des aéronefs étrangers se fait dans un Etat de la même manière pour tous les pays. Si l'atterrissage et le séjour sont payants dans un aérodrome, ils sont fixés de manière uniforme pour les nationaux et les étrangers (art. 24). Les aéronefs de tous les Etats ont droit pour l'atterrissage en cas de détresse aux mêmes mesures d'assistance, quelle que soit leur nationalité (art. 22). Le sauvetage des appareils perdus en mer est réglé par les principes du droit maritime (art. 23).

Un autre point important a été réglé de manière uniforme. C'est la nationalité. Pour avoir la nationalité d'un Etat, un aéronef doit y être immatriculé (art. 6). Cette immatriculation suppose que l'appareil appartient en entier à un ressortissant de l'Etat, ou à une société ayant la nationalité de l'Etat, si le président et les deux tiers des administrateurs ont la nationalité de l'Etat (art. 7). Les aéronefs portent une marque distinctive de leur nationalité (art. 10) qui est forcément unique. Les aéronefs militaires ne peuvent survoler un autre territoire ou y atterrir. Mais ceci ne vise pas les aéronefs de douane ou de police (art. 30).

En outre la Convention a ce caractère particulier de donner un effet international à certaines mesures de contrôle administratif qui ont eu lieu dans un Etat.

Les certificats de navigabilité dont doit être muni l'aéronef, les brevets et licences des pilotes délivrés dans le pays dont l'aéronef a la nationalité valent pour les autres Etats (art. 13).

Enfin une Commission internationale a été prévue pour améliorer la Convention et ses annexes. Ces dernières peuvent être modifiées par un simple vote des trois quarts des adhérents. Elle a donc sur certains points un caractère de Parlement international (art. 34). Cette première entente a donc une grande importance et on comprend que l'Institut américain de droit international en ait proposé l'adoption en 1925 à l'Union panaméricaine.

Circulation automobile

L'uniformité dans la circulation automobile est seulement ébauchée par la Convention de Paris du 11 octobre 1909 qui porte la signature de seize Etats européens. On n'a pas réglementé d'une façon uniforme la circulation même qui reste soumise aux usages des diverses localités (art. 7 et 9). Toutefois on a établi des règles uniformes concernant les appareils et accessoires des automobiles. Toute automobile doit porter à l'arrière une plaque nationale numérotée et une plaque munie de lettres indiquant sa nationalité (art. 4). Elle doit obéir à un certain nombre de règles de constructions (art. 1er).

En outre la Convention contient ce principe qu'une voiture obéissant aux règles de l'art. 1er peut obtenir un certificat international de route valable un an. Celui-ci donne libre accès à la circulation dans les Etats contractants sans nouvel examen, à moins de cas exceptionnels (art 3). Nous retrouvons donc ici le principe de la valeur internationale des titres délivrés (1).

Mesures sanitaires

La circulation internationale rend nécessaire des mesures sanitaires pour empêcher la propagation des épidémies. Là encore des mesures internationales sont utiles, notamment pour empêcher les Etats d'imposer des mesures tout à fait exagérées. Une Convention a été signée à Paris à ce sujet le 3 décembre 1903 et modifiée à Paris le 17 janvier 1912. Elle a principalement un caractère administratif obligeant les Etats à se prévenir de certaines épidémies : peste, choléra (art 1er). Mais en même temps elle établit certaines règles concernant direc-

(1) Depuis une convention sur la circulation routière a été signée à Paris le 24 avril 1926.

tement les particuliers : l'art. 12 indique quand des marchandises doivent être désinfectées. L'art. 13 exonère de cette opération les marchandises qui ne sont qu'en transit dans un Etat. L'art. 16 établit la même solution pour les correspondances. Les passagers retenus pour un certain temps par mesure sanitaire ont droit à un certificat (art. 33). Les quarantaines terrestres sont supprimées (art. 37). Cette Convention a été signée par vingt Etats européens. Bien que moins importante au point de vue privé, on ne peut nier qu'elle établit certains droits en faveur des voyageurs ou des propriétaires de marchandises vis-à-vis d'Administrations qui voudraient prendre des mesures tout à fait exagérées ou formuleraient certains refus.

CHAPITRE IV

Mesures d'unification réalisées sous l'influence de la Société des Nations

—

Le Pacte de la Société des Nations a fait allusion dans ses dispositions à différents organismes de nature à faciliter de façon au moins indirecte l'unification du droit sur certains points en prévoyant des Conférences internationales sur les questions de transit et sur celles de réglementation du travail.

Réglementation des communications

D'après l'art. 23 du Pacte, « Sous réserve et en conformité des Conventions internationales actuellement existantes ou qui seront ultérieurement conclues, les Membres de la Société des Nations : *e*) prendront les dispositions nécessaires pour assurer la garantie et le maintien de la liberté des communications et du transit ainsi qu'un équitable traitement du commerce des membres de la Société ».

En vertu de cette disposition une première Conférence fut convoquée à Barcelone sous le nom de Conférence générale des communications et du transit le 20 mars 1921. Celle-ci a tout d'abord arrêté un règlement d'organisation de la Conférence générale et du Comité permanent des communications et du transit. Les Etats membres de la

Société des Nations peuvent avoir un représentant à la Conférence. Celle-ci peut aussi admettre des représentants d'autres Etats. En outre il existe une Commission consultative et technique permanente qui est élue par la Conférence et par les Etats sociétaires.

La Conférence de Barcelone a arrêté le texte de deux Conventions : l'une sur la liberté du transit, l'autre sur les voies navigables d'intérêt international (1) et deux statuts sur le même objet. Deux ans après, une seconde Conférence s'est tenue à Genève en novembre et décembre 1923. Elle a adopté quatre Conventions : l'une sur les voies ferrées, l'autre sur les ports maritimes, et les deux dernières sur le transport de l'énergie électrique et l'aménagement des forces hydrauliques. Ces Conventions ont été signées non seulement par des Etats européens, mais encore par un certain nombre d'Etats américains.

Si l'on considère ces Conventions, on voit qu'actuellement il ne faut pas en exagérer l'importance au point de vue de l'unification. Elles établissent entre les gouvernements des ententes dont le caractère est souvent imprécis. C'est ainsi que l'art. 2 du statut du transit dit que les Etats faciliteront le libre transit par voie ferrée ou par voie d'eau. D'après l'art 3, ils s'engagent à appliquer au transit des tarifs équitables. De même d'après l'art 16 de la Convention sur les ports, les Etats peuvent suspendre les principales règles applicables en cas d'événements graves.

(1) Elle a été signée par 28 Etats et ratifiée par la loi française du 20 décembre 1926. V. à ce sujet CORTHÉSY, *Etude de la Convention de Barcelone*, etc.

Ainsi il y a bien certaines obligations générales des Etats, mais beaucoup plus rarement on se trouve en face d'un droit uniforme dont on puisse revendiquer l'application devant les tribunaux. Ces textes ont cependant assez d'importance pour que l'Institut américain de droit international en ait recommandé l'adoption au Comité directeur de l'Union panaméricaine.

Une idée apparait cependant dans les Conventions qui est de nature à faire glisser dans l'avenir vers un droit uniforme. Ces Conventions sont animées du désir d'assurer l'égalité entre les Etats. C'est ainsi qu'en matière de transit aucune distinction ne doit être faite suivant la nationalité des intéressés, la destination des marchandises, etc. De même pour les voies navigables internationales, il y a libre exercice de la navigation pour les contractants et les bateaux des divers pays doivent être traités suivant les mêmes règles.

De même dans les ports maritimes l'égalité de traitement doit être assurée aux divers navires. Pour assurer pratiquement cette égalité, la Convention prévoit la publicité des tarifs et règlements des ports (art. 4). De même les tarifs des voies ferrées doivent être publiés, avec l'indication des frais accessoires et des conditions d'application.

En obligeant à placer les divers Etats sur le pied d'égalité, ces Conventions, si elles se développent, amèneront les Etats à adopter sur ces divers points des règles équitables entre lesquelles la fusion sera plus facile. Mais il n'y a à l'heure actuelle qu'une amorce.

Conventions relatives au travail

Le Traité de Versailles a en même temps déclanché un autre mouvement vers l'unification du droit, mais en vertu d'idées qui remontaient déjà à quelques années. En 1916, la Conférence syndicaliste internationale tenue en Angleterre, à Leeds, et qui réunissait des travailleurs des pays alliés, votait une motion disant que le Traité de paix devrait « assurer à la classe ouvrière de tous les pays un minimum de garanties d'ordre moral et matériel relatives au droit au travail, au droit syndical, aux migrations, aux assurances sociales, à la durée, à l'hygiène et à la sécurité du travail ». En même temps la haute Commission internationale de législation uniforme de Buenos-Aires entendait un rapport de MM. Eleodoro Lobos et Andrew Peters pour l'unification des lois du travail.

Après l'armistice, la Conférence syndicaliste internationale de Berne adoptait en février 1919 un programme à soumettre à la Conférence de la Paix. Au même moment, celle-ci avait nommé une Commission de quinze membres pour faire une enquête sur l'emploi des travailleurs au point de vue international, examiner les moyens internationaux pour une action commune sur l'emploi des travailleurs, proposer la forme d'une organisation permanente pour cet objet. La Commission présidée par M. Samuel Gompers tint 35 séances du 1er février au 24 mars 1919. Le texte adopté par elle devint la partie XIII du Traité de Versailles (28 juin 1919) intitulée Travail.

Cette partie du Traité est précédée d'un préambule qui indique pourquoi cette tentative d'établissement d'un droit uniforme doit être mise à part. Elle poursuit en effet non pas un but de simplification des relations commerciales internationales, mais un but humanitaire. Il ne faut pas que les Etats disposés à accorder des conditions meilleures de travail se trouvent désavantagés dans la concurrence internationale.

Le préambule dit en effet : « Attendu que la Société des Nations a pour but d'établir la paix universelle et qu'une telle paix ne peut être fondée que sur les bases de la justice sociale; attendu qu'il existe des conditions de travail impliquant pour un grand nombre de personnes l'injustice, la misère et les privations, ce qui engendre un tel mécontentement que la paix et l'harmonie universelle sont mises en danger et attendu qu'il est urgent d'améliorer les conditions, par exemple en ce qui concerne la réglementation des heures de travail, etc. ; attendu que la non adoption par une nation quelconque d'un régime de travail réellement humain fait obstacle aux efforts des autres nations désireuses d'améliorer le sort des travailleurs dans leur propre pays, les Hautes Parties contractantes mues par des sentiments de justice et d'humanité aussi bien que par le désir d'assurer une paix mondiale durable ont convenu ce qui suit :

Art. 387. — Il est fondé une Organisation permanente chargée de travailler à la réalisation du programme tracé dans le préambule,

Art. 388. — Elle comprendra une Conférence générale des représentants des membres, — un Bureau international du travail sous la direction d'un Conseil d'administration.

Art. 389. — La Conférence des représentants tiendra ses sessions au moins une fois l'an ».

Ces textes ont donc prévu, comme nous l'avons maintes fois constaté, une organisation permanente en vue des règles à adopter. Pour celles-ci, l'art. 405 fait une distinction importante. Si la Conférence se prononce pour l'adoption de propositions, elle aura à déterminer si elles devront prendre la forme d'une recommandation à soumettre à l'examen des membres en vue de leur faire produire effet sous forme de loi nationale ou autrement, ou bien celle d'un projet de Convention à ratifier par les membres.

Pour que les propositions adoptées par la Conférence ne restent pas lettre morte, chacun des membres a l'obligation, dans le délai d'un an à partir de la clôture de la session, de soumettre la recommandation ou le projet de Convention à l'autorité compétente.

A la suite du Traité de Versailles, différentes Conférences ont été tenues : la première à Washington (octobre-novembre 1919), la seconde à Gênes (juin-juillet 1920), les autres à Genève (octobre-novembre 1921; 18 octobre-3 novembre 1922, 22-29 octobre 1923, 16 juin-6 juillet 1924, 19 mai-9 juin 1925 (1). Un travail considérable y a

(1) La 8e et la 9e se sont tenues à Genève (26 mai-5 juin et 6-24 juin) la dernière y a lieu en juin 1927.

été fait. Des recommandations nombreuses ont été votées, notamment à Gênes sur la durée du travail dans la pêche, sur l'établissement d'un statut du marin, de l'assurance du marin contre le chômage. Les trois premières Conférences en ont adopté seize. Si nous nous limitons aux projets de Conventions, nous voyons que vingt et une ont été votées de 1919 à 1925.

A la Conférence de Washington fut voté le projet important en vertu duquel, dans tous les établissements industriels publics ou privés, le travail ne peut dépasser 48 heures par semaine, sauf des dérogations qui peuvent être fixées par des règlements dans certaines conditions prévues. Cette Convention assurerait donc en grande partie l'unité du droit quant à la durée du travail.

La Conférence de Gênes s'est occupée spécialement du travail maritime. Elle a adopté une Convention sur l'âge minimum des enfants pour leur admission au travail maritime, cet âge étant fixé à 14 ans. Une autre Convention a été votée sur l'indemnité de chômage en cas de naufrage. Une dernière concerne le placement des marins qui doit être gratuit sous certaines sanctions pénales à fixer par les lois locales. La Conférence de Gênes les compléta en 1921 par une Convention fixant l'âge minimum pour l'admission des mineurs dans les soutes et chaufferies, cet âge étant fixé à 18 ans et une Convention imposant un examen médical préalable des jeunes gens de moins de 18 ans employés sur les bateaux. En 1926 un projet de Convention concernant l'engagement des marins et un autre concernant leur rapatriement ont été adoptés.

L'agriculture et l'industrie ont été l'objet de Conventions principalement dans les Conférences suivantes. Une Convention a prévu l'admission des enfants aux travaux agricoles avant 14 ans en dehors des heures de classes, une autre l'application de la législation des accidents du travail dans l'agriculture et une dernière le droit pour les ouvriers agricoles de s'associer. En 1926 un projet de Convention sur la simplification de l'inspection des émigrants à bord des navires a été adopté.

En matière industrielle les Conférences ont adopté successivement une Convention interdisant la céruse et le sulfate de plomb dans les travaux de peinture à l'intérieur, une autre assurant aux étrangers l'égalité de traitement quant aux accidents du travail, une autre sur le travail dans les verreries à feu continu, une quatrième sur le travail de nuit dans la boulangerie, enfin deux autres sur les accidents du travail et les maladies professionnelles.

Si nous passons aux résultats pratiques, il convient de noter que la ratification de ces Conventions ne se produit qu'avec une certaine lenteur. Au total vers la fin de 1925, 175 ratifications avaient été obtenues. Dans beaucoup de pays à côté des ratifications obtenues, il y avait un nombre parfois plus grand de projets de ratifications déposés aux Parlements (1).

Le droit du travail tend ainsi à une certaine unité par ces Conventions. Mais il faut remarquer que cette unité tend beaucoup moins à se réaliser par les recommanda-

---

(1) En mars 1927 il y avait 213 ratifications, 37 autres étaient autorisées, 158 recommandées et 4 faites à terme ou sous condition.

tions qui ne sont que de simples conseils. D'autre part, cette unité ne se réalise pas davantage par les nombreuses Conventions de travail passées depuis vingt ans, qui commencèrent par le Traité franco-italien (15 avril 1904) et furent suivies de beaucoup d'autres (traité franco-anglais du 3 juillet 1909 qui le reproduit, traité belgo-luxembourgeois du 15 avril 1905 sur les accidents, traité germano-luxembourgeois du 2 septembre 1905, traités franco-belge et franco-luxembourgeois des 21 février et 27 juin 1906, traité germano-hollandais du 27 août 1907 sur les accidents). Ceux-ci en effet se contentent de déclarer que l'ouvrier originaire d'un pays sera traité dans l'autre au point de vue des accidents du travail ou des retraites comme les ressortissants de cet Etat. Ils posent donc un principe d'égalité, mais non pas d'uniformité.

Autres mesures rapprochant de l'unité du droit

Si l'unité internationale du droit ne se réalise véritablement et complètement que dans les conditions que nous avons indiquées, il convient cependant de mentionner une série de mesures qui rapprochent d'un droit unique sans le réaliser complètement.

I. Dans cette sorte de zone qui se place à côté de celle de l'unité de droit, se rencontrent les divers cas où une formalité ayant été remplie dans un Etat conformément aux règles de sa loi nationale, les effets s'en produisent dans les autres Etats comme si la formalité y avait été également remplie.

Nous avons déjà rencontré un cas de ce genre en matière d'aviation où le certificat de navigabilité donné dans un Etat a une valeur internationale (art. 11. Conv. de Paris du 13 octobre 1919). Il en est de même pour le certificat international de route délivré aux automobiles (art. 3, Conv. de Paris 11 octobre 1909). De même les stations de bord de T. S. F. régulièrement installées aux yeux de l'Etat du pavillon sont reconnues par les autres Etats (Conv. Londres 5 juillet 1912, art. 9). Dans ces divers cas, il n'y a pas une règle uniforme bien qu'on s'en rapproche beaucoup. En effet les formalités à remplir peuvent être soumises à des conditions différentes suivant les Etats et même la formalité remplie dans le pays qui se montre le plus facile vaut pour un Etat plus exigeant.

Une autre Convention a ici un caractère différent. C'est en matière de marques de fabrique, l'arrangement conclu à Madrid le 14 avril 1891 (1) et revisé à Washington le 2 juin 1911 et à La Haye le 6 novembre 1925, arrangement signé par neuf Etats européens outre le Brésil, Cuba et le Mexique. D'après l'art. 1er, celui dont la marque a été acceptée au dépôt dans son pays peut s'assurer la protection de ses marques de fabrique et de commerce moyennant le dépôt au Bureau international de Berne. A partir de ce moment la protection est, dans chaque Etat, la même que si la marque y avait été déposée (art. 4).

Ici une formalité toujours identique : le dépot à Berne

(1) V. à ce sujet PILLET, *Le régime international de la propriété industrielle*, p. 364 et suiv. (Paris, 1911); POUILLET, *Marques de fabrique*, 5e éd.; PLAISANT et JACQ, *Nouveau régime international de la propriété industrielle*.

a effet dans tous les pays. Mais cela suppose qu'un dépôt préalable a été fait dans le pays d'origine. Or ce premier dépôt peut être l'objet d'une réglementation diverse suivant les Etats. En outre chaque pays accordera au dépôt international les effets du dépôt fait dans son propre pays, c'est-à-dire des effets qui ne sont pas partout identiques.

II. Certaines Conventions ne visent pas à établir un droit uniforme, mais elles visent à un même but par des moyens qui peuvent présenter une certaine diversité. C'est ce qui a lieu en matière pénale. La diversité des systèmes répressifs dans lesquels les dispositions pénales doivent venir s'encadrer, empêche de faire plus que d'indiquer des faits qui devront être réprimés dans chaque Etat, chacun alors reste libre de la définition du délit et de sa sanction. Un cas de ce genre se rencontre dans la Convention de Paris du 4 mai 1910 conclue entre treize Etats européens pour la répression de la traite des blanches. Les art. 1er et 2 donnent une liste de faits qui doivent être punis dans les Etats signataires et l'art. 3 ajoute que « les parties contractantes dont la législation ne serait pas dès à présent suffisante pour réprimer les infractions prévues par les articles précédents, s'engagent à prendre ou à proposer à leurs législatures respectives les mesures nécessaires pour que ces infractions soient punies suivant leur gravité ». Le protocole final porte à ce sujet cette remarque qui en précise le caractère : les cas des art. 1 et 2 ne sont qu'un minimum, les Etats restant libres de punir d'autres faits et la peine qui doit comporter une privation de liberté peut être complétée par d'autres peines principales ou accessoires. On arrive donc à ce résultat que certains faits seront punis dans divers Etats. Mais les formules pouvant être différentes, les listes des faits punis peuvent ne pas se superposer exactement. A plus forte raison les peines applicables peuvent varier.

III. Pour avoir une idée complète du travail qui se fait en marge de l'unification internationale du droit et qui achemine vers son développement, il faut signaler la création depuis un demi-siècle des divers Instituts internationaux.

Le plus ancien est l'Institut international des poids et mesures créé à Paris par une Convention du 20 mai 1875 signée par dix-huit Etats d'Europe et d'Amérique, Convention complétée le 6 octobre 1921.

Plus tard sont venus l'Institut international de Bruxelles pour la publication des tarifs douaniers créé par une Convention du 5 juillet 1890 signée de 57 Etats, l'Institut international d'agriculture de Rome créé par une Convention de Rome du 7 juin 1905 à laquelle 41 Etats ont adhéré, l'Institut international d'hygiène créé à Paris par un arrangement du 9 décembre 1907 signé de douze Etats, enfin l'Institut international du froid créé à Paris par une Convention du 21 juin 1920 avec l'adhésion de 48 Etats (1).

Le but de ces divers Instituts est tout d'abord de centraliser et de répandre certains renseignements. C'est

(1) Plus récemment un arrangement du 29 novembre 1924 a créé à Paris un Office international du vin. Il a été ratifié par la loi française du 15 avril 1927.

même l'objet exclusif de l'Institut douanier de Bruxelles. Certains ont en outre pour objet l'étude de certaines questions : par exemple pour l'Institut du froid : les meilleurs moyens de conservation et de transport des denrées ; pour l'Institut d'agriculture : l'étude de la coopération, de l'assurance et du crédit.

Mais en outre ces Instituts ont à suggérer aux gouvernements diverses mesures. En matière d'hygiène, ils suggèrent les modifications aux Conventions en matière d'hygiène (art. 5). En matière agricole, ils présentent des mesures pour la défense des intérêts communs. En matière de poids et mesures, ils conservent les prototypes internationaux et les comparent périodiquement avec les prototypes nationaux et les étalons des poids et mesures non métriques (art. 6). Ces vérifications s'imposent forcément aux Etats étrangers. D'autre part, les propositions faites tendent naturellement à rapprocher les législations d'un modèle unique. La multiplication de ces Instituts contribue donc dans des matières spéciales à favoriser l'unification.

CHAPITRE V

Projets en cours d'élaboration pour l'unification de certaines matières

—

A l'heure actuelle, en même temps que divers traités visant à l'unification sont en application, des projets importants sont en voie d'élaboration. C'est le projet d'unification du droit de la lettre de change et le projet d'unification du droit des obligations entre la France et l'Italie. Enfin il faut indiquer la création à Rome d'un Institut pour l'unification du droit privé.

Projet d'unification de la lettre de change (1)

L'idée de l'unification du droit de la lettre de change est ancienne. Déjà on la trouve énoncée au XVIIIe siècle au moins pour les Etats allemands et l'idée fut également émise en France par de Serionne en 1766. L'adoption en Allemagne d'une loi commune sur le change au milieu du XIXe siècle frappa les esprits et en France un rapport au Conseil d'Etat fut préparé en 1855. Dès 1875, on avait fait la constatation des divergences entre les législations et la procédure à employer pour y porter remède avait été examinée.

---

(1) V. E. Potu, *L'unification du droit relatif à la lettre de change et au billet à ordre*, Paris, 1916 ; J. Bouteron, *L'unification du droit relatif à la lettre de change et au billet à ordre*, Paris, 1912.

Le dernier quart du XIXe siècle se signala par l'élaboration de 1874 à 1880 de vingt-sept règles en matière de change. Ce fut l'œuvre de l'International Law Association. Puis en 1881 le Congrès juridique de Lima prépara un projet et enfin de 1882 à 1885 l'Institut de droit international vota un projet d'environ 75 articles. A leur tour des Congrès réunis à Bruxelles et à Anvers en 1885 et en 1888 en élaborèrent d'autres.

La question parut ensuite sommeiller pendant quelques années. Elle fut reprise en 1908 par les Pays-Bas à la demande de l'Allemagne et de l'Italie et, après envoi de questionnaires aux divers Etats, une première Conférence se réunit à La Haye en 1910 en présence de représentants de trente-deux Etats. Un avant-projet de Convention et de loi uniforme fut adopté. Il fut soumis à examen dans les différents Etats et en 1912 une seconde Conférence fut tenue. Elle aboutit après revision des textes à la signature, le 22 juillet 1912, d'une Convention en 31 articles et d'un règlement uniforme de 80 articles. Les délégués de trente Etats y apposèrent leurs signatures (1).

En vertu de l'art. 1er de la Convention, les Etats s'engageaient à introduire dans leurs territoires le règlement en même temps que la Convention. Toutefois, pour rendre moins difficile l'exécution de cette obligation, les articles suivants prévoyaient une série d'atténuations possibles. Ainsi il était prévu que le mot « change » en principe obligatoire sur la lettre pourrait être remplacé par la clause

(1) V. sur la Convention de La Haye, *Unification de la législation sur la lettre de change et le billet à ordre*. Travaux de la Société des Nations, Comité économique, 1923.

à ordre (art. 2). Chaque Etat avait la faculté de permettre l'aval par acte séparé (art. 5), d'imposer sur son territoire la présentation le jour même de l'échéance (art. 7), de refuser le paiement partiel sur son territoire (art 8), de remplacer le protêt par une déclaration datée et signée par le tiré et transcrite sur un registre public (art. 9), d'imposer le protêt dans les deux jours ou le lendemain (art. 10), etc. En outre l'art. 14 contenait cette solution importante que la question de savoir si le tireur est obligé de fournir provision et si le porteur a des droits spéciaux sur la provision restait en dehors de la Convention. C'était par ce moyen rallier l'adhésion des nombreux Etats qui se sont rattachés au système allemand qui n'exige pas la provision pour la validité de la lettre.

Quant au règlement lui-même, il était fort développé. Les rapporteurs en donnaient cette raison. S'il y a des lacunes nombreuses dans la loi commune, comme il n'existe pas de juridiction supérieure unique capable d'assurer l'unité d'interprétation pour tous les Etats contractants, des solutions divergentes pourraient apparaître et se perpétuer entre les Etats.

Le règlement s'efforçait de résoudre dans un esprit transactionnel toutes les questions sur la lettre de change dans treize chapitres prévoyant notamment : la forme de la lettre, son endossement, l'acceptation, l'échéance, le paiement, les recours faute d'acceptation et de paiement, l'intervention, la pluralité d'exemplaires, etc. Un titre spécial était de plus consacré au billet à ordre. Ainsi rédigé, il constituait un progrès considérable sur le régime antérieur. En dépit des facilités données à chaque Etat de modifier certains points dans des limites fixées, il assurait l'unité complète du droit sur un grand nombre de questions. En outre il l'assurait de la façon la plus large : chaque Etat ne prenant pas seulement l'engagement d'adopter le règlement pour les lettres de change tirées sur l'étranger, mais celui d'adopter le règlement à titre de loi interne, de sorte qu'il n'y ait plus chez lui pour toutes les catégories de lettres qu'une seule législation, celle élaborée à La Haye.

La guerre vint subitement détourner les Etats des projets sur l'unification du droit du change. Mais le problème apparaît tellement utile à résoudre que peu de temps après la paix, à la Conférence financière de Bruxelles, à la Chambre de commerce internationale, on reparla de cette unification. Le Comité économique de la Société des Nations nomma une Commission de quatre membres (1) pour examiner la situation et proposer ce qu'il y a lieu de faire.

De l'étude à laquelle se livra la Commission, il résulte que le projet de La Haye a été généralement bien accueilli et que les Etats sont disposés à une nouvelle Conférence. Entre temps, la Haute Commission internationale de législation uniforme réunie à Buenos-Aires en 1916 s'est occupée du problème de la lettre de change. Elle a fait un certain nombre de réserves : dix-neuf. Elle est notamment d'avis que les Etats admettent tous l'aval par acte séparé, que l'on admette au lieu de protêt une déclaration de non paiement sur la lettre de change, qu'en cas

---

(1) Sir Macpensie Chalmers, MM. Jitta, Klein et Lyon-Caen.

de pluralité d'exemplaires le paiement contre remise d'un seul soit libératoire, même si cela n'a pas été stipulé, etc. Mais au total, sur un texte de 80 articles, ces réserves ne manifestent pas moins une adhésion à la plus grande partie du projet.

Par contre, en Angleterre, où l'on possède une loi de consolidation de 1882 sur le change (1), on répugne à la modifier. Il est d'ailleurs à signaler que l'Angleterre n'avait pas signé la Convention de 1912. Mais dans ce pays on verrait toutefois d'un œil favorable l'établissement à côté du système anglais d'un système continental qui serait déjà une simplification relative. Quant aux Etats-Unis, étrangers eux aussi à la Convention de 1912, ils ont une certaine unité du droit du change, les mêmes règles étant adoptées dans divers Etats, mais la Constitution ne permet pas quant à présent d'y imposer l'uniformité complète.

Les conclusions auxquelles a abouti la Commission nommée par la Société des Nations sont principalement que, si l'uniformité universelle du droit du change est actuellement irréalisable, l'uniformité du type continental est possible. Pour cela, le règlement de La Haye peut servir de base. Il suffirait qu'il fut l'objet d'une revision prudente. Il ne faudrait d'ailleurs pas compter sur la suppression des réserves adoptées à La Haye

---

(1) La loi du 13 août 1882 pour la codification des lois relatives aux lettres de change, chèques et billets à ordre (*Ann. de législ. étrangère*, 1882, p. 283) a codifié quinze actes du XVIIIe et du XIXe siècle en cent articles. Sur ce point l'unité législative est presque complète dans l'Empire britannique.

(concl. 1 à 4). Quant à la méthode à suivre, il semble inutile de réunir une nouvelle Commission préparatoire, mais il conviendrait de tenir à La Haye une troisième Conférence à laquelle seraient appelés les Etats sans distinction. Déjà la Commission exprime le vœu que du moins les Etats se rapprochent dans leur législation du règlement de 1912 s'ils ne croient par devoir adhérer à la Convention. C'est ce qui s'est déjà produit au Vénézuéla et en Pologne (1). Dans ce dernier pays, la loi sur la lettre de change du 14 novembre 1924 est la reproduction presque littérale du projet de La Haye auquel ont été ajoutées certaines dispositions spéciales réservées par la Convention au sujet notamment de la perte et du protêt.

Poursuivant plus loin la question, M. Jitta au nom de la Commission demandait si, l'unification continentale étant réalisée, on ne pourrait pas demander en échange aux Anglo-Américains quelques modifications à leurs lois dans l'espoir d'arriver à une unification progressive.

La question de l'unification du chèque a aussi préoccupé la Commission. Des résolutions avaient été votées à ce sujet en 1912. Déjà le Guatémala, Panama, la Pologne dans sa loi sur le chèque du 14 novembre 1924 les ont pris comme base. M. Jitta estime que là aussi on pourrait adopter le système de la bifurcation : un droit continental pourrait s'établir à côté du droit anglo-saxon et on arriverait avec le temps à une assimilation progressive. Il suffirait que les Etats non signataires prissent

---

(1) V. *Les lois polonaises sur la lettre de change, le billet à ordre et le chèque, par* M. Wilenberg, avec préface de M. Bouteron, trad. française.

un engagement au sujet des règles de droit international privé contenues dans la Convention. Tout en ne se dissimulant pas les difficultés d'aboutir que M. Lyon-Caen a signalées dans son rapport, on peut espérer que l'époque n'est pas trop lointaine où l'uniformité relative pourra être obtenue.

Projet franco-italien d'unification du droit des obligations

C'est à l'année 1916 et à l'initiative de M. Scialoja, ancien Ministre des Affaires étrangères et professeur à l'Université de Rome, que remonte l'idée première de ce projet d'unification. Cet éminent jurisconsulte l'exposa tout d'abord dans un article de la *Nuova Antologia.* Peu après il écrivit à M. Larnaude, alors Doyen de la Faculté de Paris, qu'il avait constitué une Commission privée pour la revision de certaines parties du Code italien et qu'il serait heureux de voir se constituer à Paris un comité semblable en relation avec le premier pour aboutir à la rédaction de textes uniformes Nous devons être flattés de cette initiative de l'éminent jurisconsulte et homme d'Etat italien qui a fait d'abord appel à la France pour ce travail commun. Sa proposition obtint d'ailleurs un plein succès, car le Comité français fut immédiatement constitué.

Les raisons qui justifient cette nouvelle tentative d'unification ont été exposées par M. Scialoja avec tant de justesse et avec les vues générales qui caractérisent un historien du droit que je ne puis faire mieux que d'essayer de les résumer.

Le droit commun qui subsista en Europe jusqu'à l'époque des grandes codifications constituait un véritable système d'unité du droit. Le droit romain qui en était la base constituait un fonds qui restait applicable aux matières les plus importantes. Mais au début du XIXe siècle sont apparus les grands Codes que chaque Etat s'est donnés et principalement le Code Napoléon. Celui-ci s'est fortement inspiré des principes romains, et une fois rédigé il a exercé son influence sur beaucoup de Codes européens plus récents, notamment celui d'Italie et ceux des pays latins d'Amérique. Ce fait capital a contribué à raffermir l'unité historique et morale des divers Etats latins.

Malgré cela, à raison de différence de forme et de variantes plus ou moins justifiées, l'unité du système des obligations, c'est-à-dire de « la partie du droit qui représente le mieux l'anneau de conjonction entre les hommes », s'est trouvée brisée. Depuis cette époque, les hommes sont en un sens plus isolés sur le terrain juridique qu'au XVIIIe siècle. La situation est analogue à celle résultant de l'abandon du latin comme langue commune dans les cas où il aurait pu servir de moyen de communication. Les Etats se sont en quelque sorte renfermés dans leur isolement.

Il serait utile aujourd'hui plus que jamais de revenir à l'ancienne unité tout en tenant compte des innovations de la vie sociale. On ne peut considérer comme décisif contre cette idée la thèse de l'Ecole historique de Savigny que le droit est l'expression de la conscience nationale. Il existe plusieurs règles qui appartiennent à la conscience internationale. Il y a des règles techniques qui peuvent être acceptées par divers pays.

Sans doute chaque Etat moderne est jaloux de sa souveraineté. Il n'aime pas à se lier. Aussi faut-il procéder lentement, prudemment dans l'unification pour pouvoir réussir. Mais la chose est spécialement facile entre la France et l'Italie dont les Codes ont tant d'articles communs. Mais le Comité doit se préoccuper de faire plus et d'étendre ce travail d'unification aux autres nations.

Depuis que ces idées ont été formulées, les deux Commissions qui s'étaient librement constituées ont été reconnues à titre de Commissions officielles de bonne heure en Italie, plus tard seulement en France. Dès leur création elles se sont partagées le travail pour reviser toute la théorie générale des obligations et les différents contrats spéciaux. Certains chapitres ont été confiés à la Commission italienne, d'autres à la Commission française. Après examen par l'une des commissions, le texte revisé a été envoyé à l'autre.

Plusieurs fois des réunions communes des deux Commissions ont été tenues à Rome et à Paris pour mettre fin aux dernières divergences et arrêter un texte définitif. Finalement en juin 1925 l'accord s'était déjà fait sur la théorie générale des obligations soit au total sur 282 articles et l'étude des contrats spéciaux était déjà sérieusement commencée (1).

---

(1) Depuis cette époque de nouvelles réunions communes ont eu lieu à Rome en septembre 1925, en octobre 1926 et à Paris en mars 1927. La partie générale des obligations a été définitivement arrêtée ainsi que

Le projet a été rédigé dans l'esprit suivant : les commissions ont rédigé leurs projets sans doute en prenant pour base les textes français et italiens si voisins l'un de l'autre, mais avec cette pensée que les articles revisés puissent au moins servir de base pour des travaux législatifs à l'étranger ou même être adoptés par des pays tiers. Les commissions ont cherché, en s'inspirant du droit actuellement en vigueur, à compléter celui-ci grâce aux progrès de la jurisprudence, et également aux idées nouvelles qui ont été formulées. Mais ces innovations ont été faites avec prudence. On a moins visé à faire une œuvre originale qu'à conserver dans les nouveaux textes cette clarté, ce sens de la mesure qui sont les caractères les plus précieux des deux codes en présence. On peut citer dans ce projet nombre d'innovations intéressantes : la promesse de récompense (art. 4), la théorie de la lésion envisagée comme théorie générale (art 22), les effets de la promesse de contrat (art. 25), la théorie générale de la représentation (art. 30 à 37), *l'exceptio non adimpleti contractus* (art. 47), la validité dans certains cas de la promesse unilatérale (art. 60), la légitime défense et l'état de nécessité (art. 77), la faute commune (art. 78), la responsabilité du fait des choses (art. 82), la réparation du dommage moral (art. 85), l'action *ad exhibendum* (art. 86), la preuve par télégramme (art. 284), etc. (1).

---

les divers contrats spéciaux. Au total un projet de 741 articles est à l'heure actuelle arrêté.

(1) Plus récemment un nouvel effort d'unification a été tenté. Le 21 juin 1927, le Reichstag allemand a commencé la discussion d'un projet de Code pénal destiné à remplacer le Code actuel en vigueur depuis 1871.

Institut de droit privé

Un nouvel organe qui n'a pas encore commencé à fonctionner accentue encore la tendance actuelle vers l'unification internationale du droit. Jusqu'ici les efforts s'étaient poursuivis en quelque sorte au hasard des initiatives individuelles, sans qu'il y ait eu aucun plan, aucun effort continu. Mais c'est une loi de l'activité humaine que la fonction crée l'organe. A l'heure actuelle, celui-ci est en voie de création. Le résumé mensuel des Travaux de la Société des Nations (année 1924, p. 188) porte en effet cette information : « Au cours de la 5me assemblée, le gouvernement italien a offert de fonder à Rome un Institut pour l'unification du droit privé et d'allouer pour l'entretien un crédit annuel d'un million. L'assemblée décide d'accepter avec reconnaissance. La fondation est subordonnée aux mêmes conditions qui sont posées pour l'Institut international de coopération intellectuelle ». Un peu plus tard il était annoncé que le Gouvernement italien avait présenté au Conseil de la Société des Nations un projet de statut de l'Institut d'unification du droit privé. Le 3 septembre 1924, le Conseil était invité par l'Assemblée de la Société des Nations à conclure avec le gouvernement italien, après consultation des organisations techniques compétentes tous les accords nécessaires pour l'organisa-

---

Le texte en a été arrêté d'accord avec le Ministre de la justice d'Autriche. On compte sur sa ratification par le Parlement de Vienne.

tion et le fonctionnement de l'Institut. Trois mois après, le 13 décembre 1924, pour assurer l'exécution de la décision de l'Assemblée, le Conseil décidait de communiquer le texte définitif du projet de statuts à la Commission de coopération intellectuelle, aux organisations techniques de la Société des Nations et à un Comité de jurisconsultes de cinq membres formé par le Comité d'experts pour la codification progressive du droit international. Ces organisations avaient la faculté si elles le jugeaient utile de procéder à des consultations, le Conseil se réservant d'ailleurs de faire des consultations ultérieures. En vertu de cette décision, une Commission se réunit en vue d'examiner le projet au mois de juillet 1925 (1).

Cette création doit être vue d'un œil favorable. Elle est comme le couronnement d'une œuvre commencée depuis un demi-siècle. Elle peut rendre les plus grands services. Elle démontre, par l'initiative qu'en a pris un grand Etat européen, que l'unification du droit apparait aujourd'hui comme une tâche de longue haleine à laquelle il faut consacrer une organisation permanente et spéciale ayant l'ascendant que lui donne la consécration de la Société des Nations et l'appui particulier d'une grande puissance européenne. Les jurisconsultes italiens qui ont su, en préparant avec la France un texte pour l'unification du droit des obligations, faire preuve de leurs remarquables qualités juridiques et de leur esprit de conciliation, apportent aussi

(1) Depuis cette époque le Gouvernement italien a affecté à l'Institut de droit privé le Palais Aldobrandini à Rome. Il doit assurer l'installation et l'entretien de cet Institut. Il doit être inauguré vers la fin de l'année 1927. Les statuts en ont été définitivement arrêtés. Nous en donnons le texte en Annexe.

une garantie pour les projets plus vastes que l'Institut aura à entreprendre. Il faut espérer que les divers Etats seront assez conscients de leurs véritables intérêts pour apporter à cet Institut leur collaboration la plus large et lui permettre de faire une œuvre très utile dont l'heure de réalisation est arrivée (1).

(1) Nous pouvons encore ajouter aux conventions déjà signées pour unifier certaines matières la convention relative à la circulation routière signée à Paris le 24 avril 1926 par vingt-deux Etats d'Europe, d'Afrique et d'Amérique, qui a été promulguée en France le 2 juillet 1927 et qui, en 14 articles, établit certaines règles uniformes pour la circulation : sens de la circulation, croisement et dépassement, signaux lumineux.

DEUXIÈME PARTIE

Le problème actuel de l'unification internationale du droit

L'examen des efforts faits jusqu'à présent pour l'unification internationale du droit était une sorte de plate-forme indispensable pour élever une construction solide au sujet des possibilités d'unification. C'est pour cela que cette partie documentaire nous a retenu assez longtemps. Autrement nous aurions par trop risqué d'établir des solutions qui ne seraient que de simples imaginations sans rapport avec les réalités et les possibilités. Nous ne pouvions que par ce moyen échapper au reproche d'idéologie si souvent élevé en ces matières. Nous verrons d'ailleurs que si certaines parties du sujet sont particulièrement délicates à traiter, c'est qu'on ne trouve dans le passé aucun point d'appui.

Pour examiner les difficultés que soulève l'unification, il faut envisager trois problèmes dont chacun suppose la solution positive du premier, mais dont les deux derniers se lient étroitement, le second indiquant la voie vers le but que précise le troisième. Successivement nous nous occuperons de ces trois questions.

1° Est-il possible d'unifier le droit privé entre des Etats indépendants et dans quelle mesure ?

2° Par quel procédé général faut-il le faire : est-ce par voie de contrats privés, plus spécialement de Conventions types, de lois ou de traités ?

3° En quoi peut consister l'unification : faut-il viser seulement à l'adoption de principes communs, ou à une simple unification externe, ou à une unification qui soit interne et externe à la fois ?

CHAPITRE I

De la possibilité d'unifier le droit privé et de la mesure de celle-ci

—

Avant d'examiner la possibilité de l'unification, il faut préparer le terrain par quelques remarques préalables.

Tout d'abord unifier le droit, c'est tout autre chose que de l'imiter d'un pays à l'autre. Il y a une première différence quant à l'ordre dans lequel se déroulent d'ordinaires les phénomènes. Dans l'imitation, il y a la création dans des conditions variables d'une première institution qui est ensuite copiée avec plus ou moins de bonheur par un autre législateur. Au contraire dans l'unification, d'ordinaire plusieurs législateurs adoptent simultanément la même solution. L'unification pourrait toutefois se trouver réalisée par l'adoption dans un Etat de la législation d'un autre. C'est ce qui a eu lieu récemment lorsque le Code civil suisse a été adopté en Turquie.

D'ordinaire le danger de l'imitation est d'arriver à une copie maladroite inadaptée à la situation sociale du second Etat. Au contraire l'unification résulte d'ordinaire de concessions réciproques entre divers Etats. A ce point de vue, elle apparaît comme un des modes de solutions de conflits entre les idées : c'est l'invention d'une idée tierce qui met fin à la lutte entre deux concepts opposés (1). Elle est aussi une des formes de ce que Tarde appelle

(1) V. à ce sujet TARDE, *Les lois de l'imitation*, p. 192.

une imitation réciproque (1), où chacun au lieu de concevoir les choses d'une façon unilatérale les place sur un plan bilatéral, comme on a substitué dans des cas nombreux l'entente à l'acte d'autorité. Chacun risque d'avoir une législation qui ne lui convienne plus complètement. Mais le risque est de faible degré : car chacun n'a fait d'ordinaire que des concessions limitées.

L'imitation correspond d'autre part à des tendances spéciales de l'homme. Elle est une forme de la paresse de l'esprit peu disposé à se donner la peine de créer un système nouveau ou de faire un choix dans les solutions qui formaient un système ancien pour le compléter et le modifier par des solutions adaptées à un pays différent (2). Mais elle est aussi pour beaucoup un appel inconscient à un critérium spécial de la vérité. Ce qui est bon socialement dans un Etat, doit être utile dans un autre. Ceci implique l'affirmation d'une identité de situation sans laquelle la copie servile d'institutions étrangères apparaît comme néfaste. C'est ainsi que l'imitation de constitutions perfectionnées par des peuples habitués à un pouvoir absolu produit souvent, au moins pour un temps, des désordres politiques.

L'unification apparait comme conçue dans un esprit différend. Sans doute en unifiant, chaque peuple a la préoccupation d'atteindre ce qu'il croit la vérité sociale pour lui-même, pour ses sujets dans leurs rapports des uns avec les autres. Mais en unifiant il se propose encore

(1) *Op. cit.*, p. 402.
(2) V. Tarde, *Les lois de l'imitation*, p. 56.

un autre but qui est distinct du contenu de la législation unifiée. L'unification lui apparaît souhaitable parce qu'elle facilite les relations internationales. Il est évident que si plusieurs pays adoptent les mêmes poids et mesures, ce qui est arrivé fréquemment depuis un demi-siècle (1), différents Etats ayant, comme l'Argentine en 1887, introduit chez eux le système décimal, les relations internationales s'en trouvent facilitées.

Ceci nous fait apparaître l'unification comme un fait qui peut être voulu par certains dirigeants de l'humanité, mais non comme une conséquence fatale du développement humain. Les civilisations indépendantes sont loin de tendre à se ressembler dans leur plein développement (2). Il y a des chances que l'unification se réalise, mais il ne faut pas s'endormir sur le mol oreiller du temps en croyant qu'elle se réalisera d'elle-même.

On peut même dire que le droit de sa nature tend à être international. Car le but du droit, c'est de donner une sécurité au titulaire du droit subjectif en précisant par avance l'étendue de ses droits subjectifs et de ses obligations. Cette sécurité pour être complète suppose que les droits d'une personne se trouvent nettement fixés à l'intérieur et dans les relations internationales. Elle suppose que sa situation juridique n'est pas douteuse d'après le droit de son propre pays, d'après le système qu'il a adopté pour la solution du conflit des lois et

(1) V. sur les Etats qui ont adopté le système métrique, FAUCHILLE, *Droit international public*, I, 3ᵉ partie, p. 466.

(2) V. TARDE, *Lois de l'imitation*, p. 58.

enfin d'après le système de solutions des conflits adopté par les autres pays. Si une personne sait que dans son pays on est majeur à 21 ans, que d'après les règles sur le conflit des lois cette majorité s'apprécie d'après la loi nationale, qu'au contraire d'après tel autre système de conflits adopté dans tel pays étranger on apprécie la majorité d'après la loi du domicile, voire de la résidence, elle a une sécurité objective. Mais il ne faut pas oublier que si la sécurité repose sur des éléments objectifs, c'est un sentiment subjectif qui suppose pour produire les résultats qu'on en attend que le sujet peut s'assimiler les éléments extérieurs capables de lui donner tout apaisement. La sécurité appelle donc la simplification du droit, la mise à la portée de tous ses éléments. Dans le droit interne, elle postule la systématisation et la clarification qui s'appelle codification, laquelle est infiniment supérieure à la multitude des lois. De même dans les rapports entre les peuples, elle postule l'internationalisation du droit. Comment veut-on en effet qu'un commerçant, même aidé d'un conseil juridique, puisse avoir la sécurité qu'il désire si suivant les cas il doit être fait application à une affaire, à une question, de tel système de conflits de lois, de telle législation et à d'autres affaires des systèmes de conflits différents pour chacune. Le besoin de simplicité postulé par la crainte d'éviter des erreurs rend donc désirable l'unité dans la solution du conflit des lois et au delà l'unité même du droit (1). Il y a ainsi

(1) C'est le même besoin qui est à la base du système de l'effet international des droits acquis. — V. à ce sujet PILLET, *Traité pratique de droit international privé*, I, p. 11 et suiv.

une aspiration vague et générale vers une unification sans limite. Non seulement son but apparaît juste, mais les nombreuses manifestations doctrinales depuis un demi-siècle ont accentué ce désir et les premières étapes déjà parcourues, les projets en cours d'élaboration pourraient faire croire à sa réalisation possible. Mais sous cette forme trop vaste, l'idée apparaît comme une utopie. Il ne semble même pas qu'elle soit susceptible de se réaliser dans un avenir très lointain.

Si nous nous tenons dans un horizon plus restreint, en tenant compte de ce qui peut être réalisé en un siècle, si tant est que l'on puisse prévoir même pour cet avenir plus limité, nous voyons que les désirs d'unité très large viennent se heurter à des obstacles précis.

Il est d'abord trop évident qu'il y a des pays de civilisation très différente quoique très développée et que certains pays moins avancés sont incapables de se soumettre aux législations savantes, partant compliquées et en général moins rudes de pays plus avancés. Ainsi donc le caractère spécial de la civilisation, le degré moins avancé de celle-ci peuvent être des obstacles insurmontables entre certains Etats.

Au point de vue de l'unification, il faut ici reprendre les idées que nous avons déjà énoncées à propos d'un droit commun (1). Il ne faut pas tenter d'unifier le droit de tous les pays civilisés, mais de ceux qui voisins par leurs origines, leurs conditions économiques et sociales,

(1) V. *supra*, p. 17.

se prêtent mieux à accepter une législation unique. Mais il ne faut pas faire de groupes de façon trop *a priori* et suivant les matières, l'unité peut se réaliser sur un terrain plus large.

J'estime cependant que c'est entre les peuples qui ont subi l'influence successive du droit romain et de la codification napoléonienne que l'unification peut se réaliser le plus facilement sur bien des points. Ces peuples peuvent être de race latine ou non : comme la Pologne ou l'Egypte. Mais sur d'autre points, une législation uniforme peut se réaliser dans un cercle plus large, comprenant des peuples germaniques ou anglo-saxons. Il en est ainsi pour certaines institutions du droit maritime, du droit des transports. De façon générale, les institutions plus spécialement commerciales peuvent s'unifier entre des peuples plus divers d'origine.

Même entre peuples de civilisation égale et de mêmes tendances il y a tout d'abord des parties de la législation où l'unification n'est pas à désirer spécialement, parce qu'elle n'est nullement commandée par le besoin de faciliter les rapports internationaux. Il vaut mieux laisser chaque peuple poursuivre ses expériences d'après ses traditions, sa situation spéciale, et même en s'inspirant librement des essais faits ailleurs. Les législateurs doivent ici plutôt s'imiter qu'unifier. En procédure également, l'intérêt à l'unification est faible en présence des obstacles qu'elle soulève. La véritable utilité à unifier apparait donc surtout dans le domaine du droit civil et commercial (1).

(1) Nous ne sommes pas hostiles à ce que les législateurs s'imitent ici librement. Il faut ici profiter de l'expérience des autres et une bonne

Même entre peuples de civilisation égale, et sur le terrain déjà plus limité que nous venons de circonscrire, certaines parties de la législation présentent des caractères tellement différents que leur unification apparaît comme présentant de telles difficultés qu'il est inutile de la tenter. Et cela n'est pas seulement vrai de certaines parties du droit politique. Il en est de même dans d'importantes matières du droit privé : le régime successoral en relation si étroite avec les tendances politiques et sociales, le régime matrimonial si influencé par des traditions nationales, les causes de dissolution du mariage en connexion étroite avec les idées religieuses, le régime de la propriété plus ou moins complètement expurgé de souvenirs féodaux et en relation évidente avec la situation naturelle et économique du pays (1).

Faut-il passer à l'autre extrême et dire, comme on le fait volontiers en se contentant d'une observation superficielle, qu'il est inutile de chercher à unifier le droit ?

---

institution étant découverte ailleurs, il faut l'adopter si elle convient au pays. Mais ici nous ne trouvons pas le même intérêt à l'identité des législations.

(1) Tout récemment M. WALTON (*Journal of comparative legislation*, août 1926, p. XXIX. *Uniformity of legislation*) se plaçant au point de vue de l'uniformité dans l'Empire britannique disait précisément : S'il est désirable de donner autant d'uniformité que possible dans le droit, par exemple pour les échanges, la banqueroute, la propriété littéraire, l'effet des jugements, dans toutes ces matières, l'uniformité a déjà été réalisée dans une large mesure. Mais dans maintes branches du droit : droit de famille, droit de propriété immobilière, le besoin d'uniformité n'est pas le même et essayer l'uniformité contre le sentiment local donnerait plutôt plus d'inconvénients que d'avantages. — V. sur ce mouvement d'unification et dans un sens analogue BERRIEDALE KEITH, *Journ. of comparative legislation*, 1925, p. XXVIII.

Non. On s'aperçoit que l'unification n'est à souhaiter à un degré élevé que dans un certain domaine seulement et que c'est dans celui-ci qu'elle a été spécialement tentée. L'effort vers l'uniformité du droit apparait spécialement désirable dans ce que j'appellerai le droit des affaires par opposition au droit de famille, qu'il s'agisse du lien général de famille ou du patrimoine familial, et plus généralement toutes les parties du droit qui sont influencées par des considérations traditionnelles ou politiques. Cette distinction me paraît reposer sur deux raisons : l'une de possibilité, l'autre d'utilité pratique.

Au point de vue des possibilités, les lois qui touchent au droit public, à la famille, à la propriété sont dominées par des principes qui ne sont pas complètement exempts d'arbitraire, mais qui, peut-être même à cause de cela, n'en sont pas moins affirmés avec énergie dans les pays qui les ont acceptés. En outre il est vrai de dire que la race, le milieu naturel, son état économique exercent une influence nécessaire et divergente. Ainsi dans les vallées des Andes de l'Argentine les lois sur l'emploi de l'eau des cours d'eau sont la traduction de nécessités d'exploitation qui peuvent n'avoir pas leur analogue dans d'autres pays.

Au point de vue de l'utilité, l'unification du droit n'est véritablement souhaitable que dans la mesure nécessaire pour faciliter les relations courantes. Il est possible que la même personne ait journellement à s'occuper de l'application des lois d'affaires de multiples pays. Un exportateur peut traiter simultanément des marchés dans des Etats de législations très diverses. Une grande banque peut, par l'intermédiaire de ses succursales étrangères, passer des contrats soumis à des législations différentes. Mais il n'est pas indispensable qu'une même loi règle partout la tutelle ou le mariage ou les servitudes, parce qu'un mineur peut avoir des biens au delà des frontières, qu'une personne peut épouser un étranger ou acquérir des immeubles dans un pays lointain. Ou du moins cela n'a pas le même degré d'utilité.

A plus forte raison, le même besoin d'uniformité ne se fait pas sentir en dehors du droit civil et commercial, quand il s'agit de procédure, de droit administratif et à plus forte raison de droit constitutionnel. Il n'est pas davantage nécessaire au même degré qu'il y ait uniformité dans le droit pénal. Si la question devait ici se poser, il faudrait encore faire une différence entre certaines règles générales du droit pénal destinées en quelque sorte à encadrer la répression, comme l'échelle des peines, la prescription, la compétence pour les infractions commises à l'étranger et le surplus du droit pénal où des conflits des difficultés d'application de la loi pénale ne sont pas à craindre dans beaucoup de cas.

Dans le droit civil et commercial, je dirai même que l'unité ne s'impose pas au même degré dans l'ensemble du droit des obligations. Elle est surtout utile pour ces relations juridiques, prises dans le sens le plus large du terme, que peuvent avoir à nouer des personnes ne résidant pas dans le même pays. Ainsi l'unité qui est particulièrement à désirer pour presque tous les contrats, ou même pour les quasi-contrats et les actes illicites où les divers intéressés peuvent se trouver dans des pays différents, l'est à un degré moindre dans une matière comme le bail. C'est en effet un contrat qui intéresse surtout les personnes résidant dans le pays. Ce sera le plus souvent le cas du bailleur. Il en sera de même pour le locataire qui sera tout au plus un étranger venant s'établir. Mais leur présence même, le fait qu'ils auront au moins un mandataire dans le pays fait qu'ils seront à même de s'informer près des hommes de loi de la localité au sujet de la loi ou des usages. Les questions de conflits de lois seront ici fort rares. En outre, sur certains points, le droit du bail peut être influencé par des nécessités économiques locales, par des troubles passagers.

Si en dehors du droit civil proprement dit l'unité tend à apparaître dans le contrat de travail, ce n'est pas tant pour des raisons de commodité dans le maniement de ce contrat, c'est pour un motif humanitaire et pour éviter une concurrence inégale s'exerçant précisément au détriment des Etats dont la législation serait la plus favorable au monde ouvrier.

Si je place volontairement le problème de l'unification sur un terrain qui pourra paraître à certains un peu étroit, c'est pour une raison de tactique qui me paraît importante. L'unification là où elle est réalisable avec une facilité relative exige déjà tant de bonne volonté et de travail, qu'il est prudent de se placer à l'époque actuelle sur ce terrain. Des essais sur des institutions plus difficiles à unifier pourraient aboutir à un échec qui rejaillirait sur les tentatives que l'on pourrait faire ailleurs. On se dirait que sur un point quelconque on n'aboutira à aucun résultat. Le progrès serait retardé. Restons donc sur un domaine limité, tout en laissant d'ailleurs pour un avenir plus lointain les portes ouvertes vers des terrains plus vastes. N'anticipons pas sur ce qui sera le problème d'autres siècles (1).

Ainsi le désir et la possibilité d'unification n'ont pas le rapport étroit qu'on pourrait croire avec le fonds commun de l'âme humaine. On pourrait en effet s'imaginer que l'homme influencé par la race ou le milieu a, suivant les pays, comme suivant les époques des besoins divers qui imposent un droit national, parfois même régional sur certaines matières, qu'au contraire parce qu'il est homme et qu'il a sous tous les climats un certain nombre de sentiments, d'aspirations ou de besoins, les lois qui traduisent ce qu'il y a ainsi de plus général dans l'humanité se prêtent à l'unification. En réalité le problème est plus complexe. Même les besoins de l'humanité qui semblent les plus généraux se traduisent par des lois très diverses. Le désir de créer une famille, d'assurer la protection des enfants que l'on peut laisser, d'attribuer après sa mort ce que l'on a possédé à certains proches se traduisent par des lois familiales ou successorales non susceptibles d'unification. Si le fondement de l'unification

(1) Récemment mon distingué collègue M. Ascoli a, dans une communication à la Société de législation comparée, exprimé des idées un peu différentes (*Bulletin de la Société de législation comparée*, 1927, p. 216). Il a admis entre la France et l'Italie la possibilité d'une unification presque totale, faisant observer que sauf pour le divorce, qui a toujours été un objet de discussion dans tous les pays, il n'y avait guère sur bien des points entre les deux législations que des différences de mots. Le cas visé est exceptionnellement favorable à une unité très large. Ici je ne m'éloignerai de cette proposition que par une question de méthode. Il faut, selon moi, réaliser d'abord l'unité là où elle n'est pas trop difficile comme en matière d'obligations et après seulement songer à unifier sur d'autres points.

est psychologique, il se trouve moins dans l'homme considéré comme membre d'une famille que comme être doué d'une activité économique. Le terrain possible de l'unification est, en réalité, plus étroit. C'est celui où les relations internationales ont une importance telle qu'il vaut mieux sacrifier certaines coutumes ou lois nationales même jugées en elles-mêmes satisfaisantes, que de persister dans l'état d'insécurité et de complexité que crée la diversité des lois. En un mot, uniformiser c'est pour un pays accepter certains sacrifices. Ceux-ci sont d'autant plus utiles, deviennent d'autant plus nécessaires que les rapports internationaux étant plus fréquents, l'unification présente plus d'avantages.

La race, le milieu mental suggèrent surtout au législateur en ces matières des sentiments, des tendances vagues, qui ne peuvent résister, à bien juger, à des besoins précis d'uniformité. Seules des réalités tenant à des situations matérielles, comme l'état physique, économique du pays, ou des faits sociaux comme l'inéducation du peuple, la faible moralité offrent une résistance vraiment fondée aux efforts d'unification.

Les remarques précédentes vont nous permettre de situer et d'apprécier plus facilement deux théories récentes qui sont tournées vers l'unification du droit : la théorie d'une science du droit universel comparé de M. del Vecchio et celle du droit commun législatif de M. Edouard Lambert.

M. del Vecchio (1), sans chercher à déterminer la

(1) L'idée d'une science du droit universel comparé, *Revue critique*, 1910, p. 486.

mesure dans laquelle l'unification est réalisable à l'époque contemporaine, a développé des idées de large envergure qui se rapprochent de ce problème. Il a proposé aux savants comme idéal scientifique l'étude complète et universelle des phénomènes juridiques. Il reconnaît d'ailleurs qu'à raison de la rareté ou de la disparition des documents sur certains points, cet inventaire général du droit de l'humanité ne pourra jamais être complètement réalisé. En tous cas cette tentative dans la mesure où elle peut être couronnée de succès devrait être suivie d'un autre effort. On devrait essayer, en partant de l'idée que tout phénomène juridique est un fait naturel, c'est-à-dire déterminé par des causes et lié aux divers aspects de la réalité, de donner l'explication des différentes règles qui ont successivement été adoptées. Ce contenu du droit des divers peuples aux diverses époques placé dans le cadre général fourni par l'idée transcendentale de droit permet de constituer la science du droit universel comparé. La raison d'être de cette comparaison est de confirmer par la recherche empirique ce qui en est une des prémisses : l'unité foncière de l'esprit humain dont le droit est une manifestation nécessaire.

Tout homme porte en lui un principe de droit, c'est-à-dire les éléments pour s'élever au-dessus de sa propre personnalité et pour organiser la société dans un certain but. Partout on trouve les traces d'un droit dans lequel se reflète l'activité commune de tout esprit humain. Le droit positif apparaît comme un produit de l'esprit parce que les hommes le firent avec intelligence comme de façon plus générale, ainsi que l'a dit Vico, les principes divers qui dominent le monde civilisé doivent se retrouver dans notre esprit.

Cette unité de l'esprit humain se trouve confirmée par une série d'identités et de ressemblances qui se rencontrent dans le droit civil de tous les peuples. Il faut donc considérer comme un préjugé cette affirmation due à l'Ecole historique que tout peuple a nécessairement un droit particulier qui lui appartiendrait en propre et ne s'appliquerait qu'à des conditions particulières de vie et qui serait toujours différent de celui des autres peuples. Bien au contraire l'évolution du droit présente un caractère général d'humanité en ce sens qu'elle s'accomplit d'une manière analogue chez des peuples différents, éloignés dans l'espace et dans le temps et s'ignorant entr'eux, sans que ce fait puisse s'expliquer par une commune origine de race ou par l'imitation. Une autre vérité qui confirme la même idée, c'est que l'Ecole historique n'a jamais donné une explication suffisante de la réception du droit romain en Allemagne. Sans compter que ce droit romain lui-même avait reçu beaucoup d'éléments du droit attique ou d'autres droits méditerranéens, ces transplantations de droits ont été nombreuses. On peut citer celle du droit romain en Ecosse, celle du droit allemand chez les Hongrois ou chez les Serbes, celle du droit français en Egypte.

Cette aptitude des droits à la transplantation se révèle d'autant plus grande que le degré de développement auquel elle correspond est plus avancé. Les institutions peuvent être considérées comme expressions de l'esprit humain à un point de vue universel. Ainsi les règles spéciales au milieu disparaissent pour faire place à des règles plus compréhensives conformes aux principes rationnels universels. En d'autres termes, il y a convergence des développements particuliers.

La science du droit universel comparé a pour objet de recueillir et d'ordonner les phases de ce processus, elle devient ainsi un instrument efficace d'unification progressive du droit.

Ce n'est pas ici le lieu de s'arrêter sur le vaste horizon que M. del Vecchio propose avec raison aux recherches des juristes : l'histoire du droit de tous les peuples expliquée par ses causes. Il s'agit seulement d'apprécier le dernier stade des travaux qu'il préconise : étudier les phases de la tendance à l'unification et qui apparait comme un phénomène naturel. Nous croyons qu'il est exact qu'une étude bien faite favorisera la marche vers l'unité, montrera combien souvent les différences sont peu de chose à côté des ressemblances. D'autre part, il est important de constater avec cet éminent auteur que les droits évolués ont une aptitude particulière à être transplantés dans d'autres pays, tout en faisant observer que cela est surtout vrai lorsque ce droit semble plus avancé que ceux qu'il est appelé à remplacer. Cette idée peut d'ailleurs s'expliquer par l'observation. Dans le droit, le rationnel qui résulte d'une part convenable faite à divers intérêts en présence est souvent un produit tardif. L'équilibre des intérêts n'est pas atteint du premier coup. Le législateur réagit contre une situation sans bien mesurer et souvent sans pouvoir mesurer la portée de son acte. Le droit primitif est tout empreint d'influences mal mesurées dans leurs conséquences. Seul le droit évolué s'impose à un esprit raisonnant.

Mais cette possibilité d'unification du droit nous semble à l'heure actuelle comporter certaines ombres. Elle ne peut être entrevue selon nous qu'entre peuples ayant déjà une affinité sérieuse dans leurs législations. Elle ne l'est en outre que pour certaines matières. Ces limitations disparaîtront-elles dans les siècles futurs et verrons-nous une unification universelle quant aux peuples rapprochés et quant aux matières? Toute prévision à ce sujet semble hasardeuse. Il faut se défier des conceptions rectilignes de l'évolution. L'histoire a de curieux retours et si l'on ne peut négliger ce qu'il y a d'un dans l'âme humaine, et c'est beaucoup, on ne peut laisser de côté ce qu'il y a de divers. La vie est la lutte éternelle de principes qui s'affrontent sans se terrasser jamais.

Non moins importantes à rapprocher de notre exposé sur l'unification du droit sont les idées contenues dans le livre si vivant, si plein d'idées de M. Edouard Lambert sur la fonction du droit civil comparé (1). En cherchant à résumer aussi brièvement que possible les données qui se rapprochent de notre problème, on voit que chez cet auteur une place importante est faite à l'idée de politique civile. Du jour où le législateur ne s'est plus contenté de fixer et de développer les règles juridiques préexistantes, comme il l'avait fait aux époques primitives, par exemple

(1) *Etudes de droit commun législatif ou de droit civil comparé.* Le régime successoral. Introduction à la fonction du droit civil comparé, tome I, Paris, 1903.

en France lors de la rédaction des Coutumes, il s'est mis à retoucher, à corriger le système juridique en vigueur et par là même il s'est occupé de réaliser un certain ordre juridique dont les principes émanaient de lui. On peut dire que dès ce moment il y a eu d'une façon nette une politique de la législation. Mais même dans la formation de la Coutume, dans le développement de la jurisprudence, on voit aussi que certains buts sont poursuivis. C'est la poursuite de ces buts que l'on nomme la politique civile (1). Elle n'est donc nullement le monopole du législateur. Tous ceux qui vivent dans l'atmosphère du Palais de justice : les juges, avocats, avoués, d'autre part les notaires, chefs de contentieux, rédacteurs d'actes sont, qu'ils le veuillent ou non, des politiciens du droit (2).

A l'heure actuelle, les politiciens du droit doivent résolument se mettre à l'étude des travaux du sociologue et en particulier de l'économiste. Bien que les sciences sociales ne puissent nous satisfaire complètement et fournir des renseignements présentant autant de rigueur et d'inflexibilité qu'on le désirerait, il ne faut pas pour cela faire fi des vérités provisoires et relatives qu'elles peuvent nous offrir. Pour suppléer provisoirement aux lacunes de la science sociale, et contrôler ses renseignements, il faut avoir recours à l'observation empirique. Avec l'histoire, la comparaison des législations existantes est un moyen des plus utiles. Elle le sera particulièrement sous la forme de cette discipline que constitue le droit civil comparé ou législation comparée sainement entendu.

(1) *Op. cit.*, p. 104-111.
(2) *Op. cit.*, p. 821.

Cette étude poursuit un but pratique. Elle est un des éléments du droit positif, élément plus souple, moins aisément saisissable que les droits internes, mais vivant et agissant comme eux. Elle est un art ayant pour but de dégager de la confrontation des systèmes juridiques qu'il compare le fonds commun de conceptions et d'institutions qui y est latent, de rassembler un dépôt de maximes communes à ces législations et de l'enrichir constamment par des empiètements successifs sur le domaine du particularisme. M. Lambert emploie à ce sujet l'expression de droit commun législatif pour évoquer à la mémoire du lecteur le rôle célèbre qu'a joué dans le droit français coutumier « le droit commun » : les anciens auteurs français ayant dégagé de la variété des coutumes locales un droit commun de plus en plus important de manière à en préparer et à en réaliser en grande partie l'unification (1).

Celle-ci, transplantée du domaine interne dans un autre plus vaste, n'est possible sur le terrain international qu'à condition de borner le travail. On ne peut l'étendre jusqu'aux limites de l'humanité civilisée, il faut le restreindre à un groupe plus étroit de peuples reliés par des liens étroits d'éducation commune, rapprochés par l'action de très nombreuses influences historiques et économiques. Dans ce groupe peut se réaliser l'effacement progressif des diversités juridiques accidentelles (2).

---

(1) *Op. cit.*, p. 891-895.
(2) *Op. cit.*, Avertissement, p. 2.

Dans le domaine ainsi délimité, les difficultés se présentent inégalement. Sur certains points, les règles de droit commun législatif sont déjà assez nettement formées pour que le simple rapprochement des systèmes dans leur complexité vivante révèle l'existence d'une ossature et de nombreux détails communs.

Cependant en se proposant d'étudier d'abord le régime successoral, M. Lambert se proposait de montrer qu'une matière comme les successions qui fournit le milieu de développement le plus favorable au particularisme, offrait un terrain pour une démonstration plus probante de ses idées, que le droit des obligations qui, de toutes les parties du droit civil, porte le plus franchement l'empreinte de l'internationalisme (1).

Ces idées ne prennent pas spécialement pour objet le problème de l'internationalisation du droit privé. Mais en indiquant au droit comparé un but élevé, en en faisant un art et non une science, elles éclairent le problème d'une lumière qu'on ne peut négliger. L'utilité qu'il y a au point de vue scientifique comme à celui de l'utilité pratique à entreprendre une étude du droit étranger tel qu'il est appliqué et non pas seulement des lois étrangères est indéniable. C'est là un travail long et difficile qui ne se réalisera que pas à pas par l'accumulation d'études spéciales, mais il doit être entrepris. Il y a avantage à ce qu'il le soit non dans un esprit de curiosité pour faire ressortir les différences des coutumes ou des lois, mais dans un esprit pratique, en vue de faciliter

(1) *Op. cit.*, p. 917 et suiv.

les relations internationales. Le droit et en particulier le droit comparé n'est pas une étude de curiosité pour le simple plaisir de l'esprit. De même qu'en médecine on ne s'occupe moins d'étudier quels médicaments ne guérissent pas telle maladie que ceux qui la guérissent, de même il y a avantage à diriger les études comparatives vers un résultat utile. Et M. Lambert, en développant ses idées, a ouvert des horizons très utiles à toute une génération de juristes quant aux œuvres utiles à entreprendre.

D'autre part, il y a avantage à poursuivre ce travail d'unification sans illusion sur les différences qui existent entre les groupes de législations. Rapprocher le droit des peuples ayant des affinités particulières est déjà une œuvre suffisante pour l'époque présente.

Par contre M. Lambert n'a pas fait preuve peut-être de la même prudence en se proposant d'aborder en premier lieu le droit successoral (1). Sans doute un succès sur ce point aurait quelque chose de particulièrement frappant. D'autre part, le régime successoral envisage non du point de vue de la dévolution, mais de celui de l'appréhension de l'hérédité, des effets du partage, peut présenter des points communs importants. Si donc un travail de préparation lointaine à l'unification a son utilité dans tous les domaines, il y a cependant plus d'intérêt à s'attaquer

---

(1) M. Edouard Lambert me paraît l'avoir depuis estimé lui-même en écrivant que le droit des successions, le mariage, les régimes matrimoniaux constituent le domaine propre du droit de l'intimité nationale et resteront toujours les plus sûrs asiles du particularisme juridique. *Le droit commun de la Société des Nations, ses organes actuels. Ses organes à venir. Le besoin d'une faculté internationale de droit* (Acta Academiæ universalis jurisprudenciæ comparativæ, 1927), p. 8.

aux institutions où les rapprochements sont déjà actuellement plus faciles, pour arriver le plus vite possible à des résultats tangibles.

Même limitée au terrain que nous avons fixé pour sa réalisation possible, l'unification rencontre d'importants obstacles qu'on ne peut négliger. Il y a d'abord un sentiment d'orgueil national que l'on n'avoue pas toujours, mais qui n'en joue pas moins un certain rôle. Sans doute, comme l'a fait observer M. del Vecchio (1), le préjugé qui consiste à attribuer à sa propre race entendue de façon plus ou moins étroite une valeur de beaucoup supérieure à celle de toutes les autres est bien connu. S'il est rare de le voir aujourd'hui exprimé nettement, il se glisse encore d'une manière plus ou moins subtile ou plus ou moins visible dans l'examen des faits. L'idée d'un peuple élu formulée par les religions primitives se retrouve dans des formes variées, jusqu'à réapparaître dans des systèmes philosophiques récents et profondément médités, comme dans la philosophie hégélienne de l'histoire. Cet orgueil national qui est sans inconvénient lorsqu'un peuple prétend cultiver les arts d'après certaines données nationales et conserver avec ses caractères propres sa musique, sa littérature, son architecture, etc. peut même en certaines matières être un utile ferment, s'il pousse à rechercher une supériorité dans un domaine pour lequel un peuple se croit spécialement doué. Mais il est plein d'inconvénients si un peuple prétend s'isoler dans son droit. C'est

(1) Art. précité.

en somme rendre son commerce international plus difficile à moins d'avoir la prétention d'imposer son droit aux autres Etats. Ni cette idée d'hégémonie juridique, ni celle d'un isolement commercial relatif ne sont en harmonie avec les tendances de la civilisation actuelle.

Souvent cet état d'esprit dominateur se manifeste dans les Congrès ou les commissions internationales, par un effort pour faire triompher le droit national. Son adoption par d'autres Etats est un succès. Si on le rejette, c'est un échec. Il y a là un état d'esprit regrettable. Ce qu'il faut chercher à faire triompher, c'est la solution la meilleure et entre deux solutions de valeur égale, c'est celle qui rallie déjà le plus grand nombre d'adhésions qui peut être raisonnablement préférée.

Il faut d'ailleurs se rendre compte que l'unification exigera des concessions réciproques et que le droit unifié sera non pas un droit original ayant les caractères accusés de telle législation, mais le plus souvent un droit transactionnel. Ce sera même sans doute un droit qui ne progressera que lentement à raison des adhésions à obtenir; il se développera par les apports de la jurisprudence et des auteurs, plutôt que par une intuition originale de rédacteurs d'un nouveau texte.

En dehors de cette question d'amour-propre national, les juristes ne sont pas exempts de l'illusion qui fait exagérer l'importance de quelques données particulières et leur attribue une valeur presque absolue. Le droit positif de l'époque et du pays auxquels ils appartiennent exerce sur eux comme une suggestion à laquelle il ne leur est pas facile de se soustraire. Concentrant sur le droit en vigueur leur attention et leur travail, ils en viennent à considérer ses règles comme la raison universelle, à voir en elles *le* droit plutôt qu'*un* droit.

A ces idées qui ont cours chez les législateurs et chez les auteurs, correspond chez beaucoup de praticiens du droit un autre sentiment : la routine. Les praticiens sont habitués à une loi et le public s'y est fait dans une certaine mesure. Ils se disent : à quoi bon changer? Evidemment toute loi nouvelle suscite des difficultés lorsqu'il s'agit de la mettre en application. Pour les lois anciennes des pratiques se sont établies. On a adopté certaines procédures extrajudiciaires, on a rédigé des formules dont la jurisprudence a apprécié la valeur, déterminé la portée. Un raccordement s'est établi entre une institution et les autres. Le domaine de chacune, la réaction de l'une sur l'autre ont été précisées. Rien de pareil quand un texte nouveau vient à être promulgué. On ne voit pas à première vue par quels actes, par quels moyens on l'appliquera.

A chaque pas, il faut avec des tâtonnements, sans autre aide que le texte écrit et le raisonnement, résoudre les questions. Chaque difficulté doit-être méditée, alors que sous la loi ancienne elle était résolue en suivant les habitudes, même de façon toute mécanique.

L'institution nouvelle constitue une construction neuve qu'il faut raccorder à des constructions anciennes faites dans un esprit différent. Et pour cela la règle *specialia generalibus non derogant* est souvent insuffisante et d'une logique trop simple. Les praticiens, préoccupés à juste titre de ménager leurs responsabilités, d'éviter des difficultés à leurs clients hésitent au point de s'exagérer parfois les difficultés du changement. Nous avons rencontré récemment ces difficultés en Alsace où les lois du 1er juin 1924 ont mis en application le Code civil et le Code de commerce français. On a dû réserver certaines lois locales jugées meilleures pour un délai de dix ans. Et cela malgré une bonne volonté évidente des personnes de la région. Le même obstacle existe agrandi dans les relations internationales.

Ces obstacles ne doivent cependant pas arrêter. Il ne faut pas s'hypnotiser sur la difficulté de changer la législation qui, devenant dominante, pourrait paralyser tout progrès. Il ne faut même pas exagérer la prétendue supériorité de telle solution. Il y a bien des cas dans lesquels le plus important est que le législateur donne une réponse à telle question et peu importe finalement si elle est telle ou telle.

Une autre crainte a été mise en avant quand on a agité l'idée de l'unification. On a fait observer que les Etats craignent de se lier. L'adoption de telle législation commune qui, à l'heure actuelle, ne présente pas d'inconvénients peut conduire à un moment donné à des solutions qui soulèvent de vives réclamations. On comprend donc que les Etats hésitent à se lier indéfiniment. Mais la pratique a déjà découvert les moyens de concilier les exigences d'une entente avec le besoin de s'adapter à de nouvelles conditions économiques. Dans certains cas la Convention a été faite pour un certain délai et se renouvelle de plein droit à défaut de dénonciation. C'est ainsi que la Convention de Berne en matière de chemins de fer a été faite pour trois ans, chaque Etat pouvant se retirer à condition de notifier son intention une année à l'avance, faute de quoi la Convention était prorogée pour une nouvelle période de trois ans. Ailleurs, comme pour la Convention radiotélégraphique, l'Union postale universelle, la Convention en matière d'abordage, la Convention est faite pour un temps indéterminé, mais peut être dénoncée en prévenant un an à l'avance. Un seul point est délicat. Serait-il possible de permettre à un Etat de dénoncer certaines dispositions d'une Convention dont l'exécution lui semble trop onéreuse ou a pour lui trop d'inconvénients, tout en se réservant d'exécuter le surplus et de demander à ses cocontractants de le respecter envers lui ? Cette possibilité serait une source d'inconvénients. Il serait difficile de se retrouver dans ces Conventions ne s'appliquant qu'en partie avec certains signataires. En outre un Etat rompra une Convention moins à la légère s'il doit la dénoncer tout entière. Aussi le moyen pour satisfaire un Etat qui a des raisons de ne plus observer une partie d'une Convention apparaît d'un autre côté. C'est de prévoir que dans certaines conditions : soit périodiquement, soit à la demande de certains Etats, il sera procédé à une revision de la Convention. C'est d'ailleurs ce qui a été prévu par de nombreuses ententes internationales.

Ainsi les Etats n'ont pas à craindre actuellement de signer ces traités d'unification. S'ils croyaient devoir éprouver des inconvénients, ils aboutiraient à dire qu'ils ne peuvent jamais signer aucun traité.

A côté de ces obstacles généraux, il y a des obstacles relatifs. Les Etats qui sont appelés à une œuvre de réglementation commune n'ont pas tous le même désir de l'accepter. La plus ou moins grande fréquence des relations avec les autres Etats signataires influe sur l'utilité de l'œuvre commune pour un Etat déterminé. Mais ceci s'atténue à mesure que le commerce international devient plus intense. Des Etats fort éloignés comme ceux de l'Europe occidentale et de l'Amérique n'ont-ils pas des relations très fréquentes.

D'autre part, un Etat hésite plus ou moins à adopter une législation commune suivant que sa propre législation est plus ou moins récente. Lorsqu'un Etat a un Code civil ou commercial déjà ancien, en même temps que ses principes ont pénétré dans les masses, les inconvénients s'en sont fait sentir, il s'est démodé. L'aspiration vers une nouvelle législation se fait jour. Une législation internationale peut être la bienvenue. Au contraire un Code tout récent est une œuvre législative dont un pays est fier, où il a librement traduit ses tendances. Il se fera peu à l'idée de le modifier aussitôt.

Un autre élément intervient encore. Une entente internationale venant se substituer dans un pays à un ensemble de lois plus ou moins coordonnées, laissant des lacunes parfois considérables sera plus facilement accueillie que si ce pays était doté d'un Code ou d'une grande loi sur la matière formant un ensemble cohérent et sans grande lacune. La valeur relative des deux systèmes de droit comme cadre des activités privées a donc son importance pour rendre plus ou moins difficile l'adoption d'une législation internationale.

CHAPITRE II

Procédés d'unification

Par quels procédés peut-on unifier le droit de plusieurs Etats ?

L'unification peut résulter de procédés purement privés ou de l'intervention des Etats, laquelle peut avoir différentes formes (1).

Elle peut tout d'abord résulter de procédés purement privés. Et ceci n'est pas sans étonner à première vue. Cependant l'intervention de simples ententes privées pour unifier le droit vivant n'est que la conséquence d'un fait important, mais remarqué seulement depuis un certain nombre d'années : le rôle capital joué par les contrats d'adhésion. Du jour où les affaires se développant dans des conditions économiques nouvelles, certaines grandes Sociétés, au lieu d'avoir avec le public des contrats librement débattus, ont établi des projets de contrats que leur clientèle était obligée d'accepter en bloc, il s'est formé en fait une nouvelle source de droit. A côté de la loi, de la coutume, de la jurisprudence, tout particulier a été obligé de prendre en considération ces règlements privés qu'il est bien obligé d'accepter en contractant avec certaines

---

(1) Je laisse de côté l'idée dont on est fort éloigné quant à présent d'un Superétat ayant qualité pour imposer de véritables lois internationales. — Cf. Edouard LAMBERT, *Le droit commun de la Société des Nations*, p. 10.

Compagnies (1). En fait ces règlements privés ont une tendance dans chaque pays à revêtir un type commun. Cela est arrivé en fait en France pour les polices d'assurances contre l'incendie, où les assureurs ont mis en pratique la même police (2), pour les connaissements types, pour les polices d'assurance maritime (3).

Il était dans le développement logique de ces contrats que rédigés d'abord par une Société pour ses rapports avec sa clientèle, ils le fussent ensuite en commun par les Sociétés d'un même pays, puis finalement dressés après entente entre Compagnies de différents pays se trouvant en concurrence dans les mêmes places de commerce, les mêmes ports, en vue d'éviter entre elles une rivalité dangereuse dans des concessions faites au public. La lutte commerciale se termine en effet presque toujours par une entente. C'est le seul moyen de mettre fin à une concurrence ruineuse.

Depuis un certain nombre d'années, une entente internationale importante s'est réalisée pour adopter certaines clauses identiques. Les règles formulées à York et à Anvers et revisées depuis à Anvers et à Stockholm pour préciser les cas d'avaries communes ont été acceptées par les Compagnies de navigation et insérées dans leurs connaissements (4). Il est donc à constater qu'un droit

(1) V. à ce sujet BONNECASE, *Précis de pratique judiciaire et extrajudiciaire*, p. 227 et suiv.

(2) V. DROZ, *Commentaire des polices d'assurance contre l'incendie*, Paris, 1913.

(3) V. BONNECASE, *op. cit.*, p. 239 et 258 qui reproduit ces deux derniers contrats.

(4) V. Connaissement de sortie de France, Règle 15.

conventionnel unique et de portée internationale peut se réaliser par la volonté des principaux intéressés en dehors de l'intervention des Parlements toujours difficile à obtenir et ce droit peut se modifier de la même façon, se perfectionner, s'adapter aux circonstances nouvelles. Une autre tentative pour employer la même méthode a été moins heureuse lorsqu'en 1921 le Congrès de La Haye vota des règles sur le connaissement. Les exportateurs anglais ne les jugèrent pas assez favorables et ne voulurent pas les accepter. Les règles proposées à La Haye n'entrèrent en vigueur en Angleterre que grâce à une loi du Parlement.

Ces deux résultats opposés : ce succès et cet échec permettent d'essayer de dire dans quelles conditions la méthode des Conventions privées peut être recommandable. Les règles d'York et d'Anvers peu nombreuses à l'origine ne se sont développées que récemment. Au contraire le projet de connaissement contenait un nombre de dispositions importantes. Il est donc à craindre qu'à mesure que l'on voudra faire adopter des projets plus étendus, on ne trouve sur tel ou tel point une opposition de certains intéressés qui fera échouer le projet. Ceci ne doit pas cependant détourner d'employer ce procédé dans des cas nombreux. D'ailleurs quand même un projet ne serait pas immédiatement accepté par tous les intéressés, c'est déjà une chose importante s'il l'est par certains des principaux d'entr'eux. Il peut déjà, à défaut de réformes du droit existant, préciser des solutions et cela est un progrès. Si un certain nombre de banques appartenant à divers pays, ou si un certain nombre d'assureurs relevant de divers Etats établissaient des règles générales concernant les dépôts de titres ou d'argent qu'ils recevront, leur responsabilité dans les paiements de chèques, les conditions de certaines assurances, ce serait un avantage certain.

L'unification du droit par la méthode privée présente encore une lacune. On ne peut par ce moyen faire entrer en application que des règles dispositives, on ne peut édicter des règles d'ordre public.

Au contraire l'intervention des Etats permet d'unifier des règles de toutes les catégories : règles interprétatives, dispositives ou d'ordre public.

Pour établir cette unification étatique, dont le domaine ne comporte pas de limites, deux procédés peuvent être employés : la promulgation de lois nationales identiques et l'adhésion à des conventions internationales.

La promulgation de lois nationales identiques peut se concevoir de deux manières. Un Etat ayant promulgué une loi dans les conditions ordinaires, d'autres Etats peuvent purement et simplement promulguer la même loi après un plus ou moins grand nombre d'années. Le cas n'est pas sans exemple. C'est ainsi que récemment la Turquie a adopté le Code civil suisse. Le danger d'un pareil procédé, c'est que l'on arrive à une simple imitation approximative de la loi étrangère et non pas à l'unification. On s'inspirera des idées adoptées, mais on voudra les améliorer, on leur donnera une autre formule et l'avantage pratique de l'unification ne sera pas obtenu.

Le système des lois nationales identiques peut résulter d'une autre méthode qui a été employée dans les pays scandinaves. Elle consiste à composer une Commission de jurisconsultes des divers pays intéressés pour préparer un projet où peuvent se faire jour les besoins de chacun des Etats. Ce projet étant soumis aux divers Parlements, ceux-ci peuvent le faire leur dans les conditions ordinaires (1). Cela permet aux Chambres de ne pas adopter tous les textes proposés ou d'en adopter d'autres pour les compléter. D'autre part, aucun des Etats n'est lié pour une durée quelconque. Il peut, quand l'utilité s'en fait sentir, améliorer pour sa part la loi commune. La souplesse de ce système est en même temps son défaut. Il a quelque chose de trop souple en ce qu'il laisse subsister le droit d'amendement. Par cette voie peuvent être adoptés des textes qui ne complètent pas le projet, mais qui le modifient et par voie de répercussion en bouleversent l'économie. Pour employer ce procédé, il faut donc avoir une grande confiance dans la sagesse des Parlements. Il faut que ceux-ci se rendent compte que l'intérêt de l'unification est plus grand que celui à chercher la perfection pour un projet déjà préparé soigneusement (2).

---

(1) On peut rapprocher de ce procédé la méthode employée aux Etats-Unis par la Commission pour l'uniformité des lois appuyée par l'American Bar Association. Celle-ci a déjà rédigé 31 projets de lois et elle a pu faire adopter celui sur les effets de commerce par 5 législatures, celui sur les récépissés de magasins généraux par 45, etc.(V. Mlle MADIER, *L'association du Barreau américain*, p. 57 et suiv.). Bien qu'il s'agisse ici d'une unification nationale, la méthode est la même. On peut signaler également qu'à la suite de conférences tenues à Berne en 1855 et 1856, on était arrivé de la même manière à avoir le même droit du change dans six cantons suisses (V. ROSSEL, *Manuel de droit civil suisse*, III, p. 7 et 760).

(2) V. sur les difficultés de ce genre rencontrées à l'intérieur des Etats-Unis, Edouard LAMBERT, *Le droit commun de la Société des Nations*, p.13.

Aussi un dernier système apparaît qui a été le plus fréquemment employé jusqu'ici. C'est celui de l'unification au moyen de traités élaborés par des Commissions ou dans une Conférence internationale. Ici les avantages et les inconvénients sont inverses de ceux du système précédent. Un traité ayant été signé par les représentants de divers gouvernements, si ceux-ci n'ont pas d'après leurs constitutions les pouvoirs suffisants pour ratifier, ils les soumettent au Parlement qui se trouve dans l'alternative d'autoriser le Gouvernement à ratifier la Convention dans son ensemble ou de refuser toute ratification. Il n'en est ainsi que sauf le cas exceptionnel où la Convention elle-même prévoit que des réserves sur certains points pourront être faites par certains Etats adhérents (1). Ici l'ensemble des règles de droit discutées en commun forme un ensemble rigide. Mais l'unification se réalise plus complètement. D'autre part, nombre de ces Conventions prévoient que d'autres Etats pourront y adhérer à toute époque ou dans un certain délai (2), et ces adhésions se

(1) C'est ce que fait le projet sur la lettre de change, v. *supra*, p. 75.

(2) V. not. en ce sens les deux conventions de Berne du 21 octobre 1924 sur les transports internationaux par chemin de fer. D'après l'article 59 tout Etat peut adresser une demande au Gouvernement suisse qui la communique aux autres Etats avec une note du Bureau central sur la situation des chemins de fer de l'Etat demandeur. Après six mois, sauf opposition de deux Etats adhérents la demande est admise de droit. L'Union postale universelle (article 24) prévoit purement et simplement qu'un Etat peut notifier son adhésion au Gouvernement suisse avec lequel il s'entend pour participer aux frais du Bureau international. La convention sur la navigation aérienne (art. 41 et 42) a permis l'adhésion aux non signataires, mais dans des conditions différentes selon qu'ils ont pris part ou non à la guerre de 1914-1918. Au second cas il doit faire partie de la Société des Nations et être agréé par les trois quarts des signataires. La convention sur l'abordage (art. 15) décide que les Etats sont autorisés à adhérer sur leur demande en le notifiant au

produisent en fait, ce qui montre qu'en certaines matières une discussion internationale peut élever un texte au-dessus des contingences locales de manière à pouvoir être accepté tel quel par des Etats non intervenants. Il y a là une démonstration du fonds commun d'idées et de besoins qui existe sur le terrain juridique dans des Etats divers.

La modification de ces traités amène des difficultés particulières. On peut avoir prévu que le traité, sauf à se renouveler tacitement, ne vaudrait que pour quelques années, chaque Etat demeurant d'ailleurs libre de le dénoncer un certain temps avant la fin de la période prévue. Cette simple mesure a l'inconvénient qu'un Etat mécontent de quelques textes ne dénonce tout le traité, craignant de ne pas obtenir satisfaction s'il sollicitait la réunion d'une Conférence internationale. Aussi certaines Conventions prévoient-elles, outre des réunions régulières, que des propositions de modifications peuvent être déposées et sont soumises à examen lorsqu'elles sont appuyées par plusieurs Etats. C'est le cas en matière postale (1). Ainsi le traité perd ce qu'il peut avoir de trop rigide pour l'avenir.

Parfois un autre système est employé. La Convention internationale sur la navigation aérienne, sans prévoir

---

Gouvernement belge qui prévient ensuite les Etats. Un mois après, la notification produit effet. L'article 17 de la convention sur l'assistance a le même effet. L'article 18 de la convention télégraphique de Londres de 1903 permet de même aux autres Etats d'adhérer en le notifiant à celui des Etats contractants sur le territoire duquel a eu lieu la dernière conférence. Il y a donc des adhésions qui sont un droit, d'autres qui supposent un assentiment, par suite une appréciation par les Etats primitivement signataires.

(1) Art. 25 de la Convention postale.

de revisions périodiques, s'occupe de faciliter les changements. L'article 34 qui organise la Commission internationale de navigation aérienne déclare qu'elle doit recevoir les propositions à l'effet de modifier la Convention. Si la modification porte sur la Convention même, elle est discutée par la Commission et ne peut être proposée à l'adhésion des Etats que si elle a été approuvée par les deux tiers au moins des voix possibles. S'il s'agit de modifier les annexes de la Convention, la proposition doit obtenir l'adhésion des trois quarts des voix qui pourraient être exprimées et la décision a plein effet dès qu'elle a été notifiée aux divers Etats. Ailleurs la revision est simplement prévue en ce que chacune des hautes parties contractantes peut provoquer une nouvelle Conférence pour améliorer la Convention. Elle notifie son intention au gouvernement qui doit convoquer la Conférence dans un certain délai (art. 14 de la Convention sur l'abordage et 16 de la Convention sur l'assistance). Il semble qu'il y ait un droit à obtenir la réunion de la Conférence.

Il est utile de chercher à classer les traités qui interviennent ici dans l'ensemble des traités. On sait que ceux ci sont ordinairement divisés en traités contrats et traités lois. Les premiers contiennent pour les Etats pris comme tels et indépendamment de leurs sujets des obligations particulières et concrètes analogues à celles résultant des contrats de droit civil. Ainsi en est-il de traités d'alliance, de traités fixant la répartition de taxes perçues en matière postale ou télégraphique. Les traités lois ont pour but de créer des règles de droit applicables aux citoyens des

Etats contractants, d'établir une législation commune sur un point déterminé. Les parties n'y poursuivent pas un but opposé, mais y font actes de collaboration. Ils rentrent dans ce que l'on a appelé en Allemagne des *Vereinbarung*, en France des *Unions*. Les traités d'unification ont même été appelés parfois traités à but législatif (1). En tous cas ce qui les caractérise, c'est qu'ils créent des droits et des obligations pour les particuliers.

Toutefois ceci suppose certaines conditions. Il faut d'abord que l'Etat ne s'engage pas d'une façon vague, comme dans la Convention de 1921 sur le transit d'après laquelle les Etats promettent d'établir des tarifs équitables. Il faut que l'Etat ne s'oblige pas seulement à prendre des mesures en vue d'un certain but. C'est le cas dans la Convention du 4 mai 1910 sur la traite des blanches où les Etats s'engagent à punir certains faits et à proposer au besoin à cet effet des modifications législatives à leurs Parlements. Il faut que la nature des traités susceptibles d'intéresser les particuliers se prête à une reconnaissance de droits à leur profit. Enfin il faut remarquer que le même traité peut dans certaines de ses dispositions être un traité loi et dans d'autres un traité contrat. Il en est ainsi de l'Union postale qui crée des droits pour les particuliers vis-à-vis de l'Administration postale, mais en même temps crée des droits au profit des Etats seuls quant au partage des taxes.

---

(1) Reglade, *De la nature juridique des traités internationaux et du sens de la distinction*. Revue de droit public, 1924, p. 505-540.

CHAPITRE III

Des degrés de l'unification

—

L'unification peut se réaliser à divers degrés et cela tient en partie à la méthode d'unification qui a été employée.

Si l'unification résulte de ce que des clauses identiques ont été insérées dans des contrats d'adhésion, l'internationalisation se réalisera dans la mesure où des sociétés adopteront ces clauses, soit dans les rapports avec leurs concitoyens, soit dans leurs relations avec les étrangers. Elle pourra donc présenter suivant les temps des degrés divers et n'être pas complète pour un pays déterminé si certaines sociétés se montrent opposées aux clauses adoptées par leurs concurrents.

Si l'unification résulte d'une loi ou surtout d'un traité, elle peut se présenter à deux degrés. Il peut y avoir unification complète, c'est-à-dire à la fois dans les rapports internes et dans les rapports internationaux, ou unification uniquement dans les rapports internationaux. Dans le premier cas, dans chaque pays adhérent, il y a un droit qui est le même que celui des autres Etats et ce droit est unique. Nous avons donc une complète simplicité du régime juridique. C'est ce qu'on s'est proposé de faire pour la lettre de change. Les lettres tirées de la France sur la France ou sur l'étranger seraient indifféremment soumises au régime de la Convention. C'est ce qui a été réalisé pour les pays scandinaves.

On peut au contraire décider seulement que dans les relations internationales il y aura une même règle de droit : celle établie par Convention. Mais les relations internes restent soumises à la législation interne. C'est ce qui existe à l'heure actuelle en matière postale, en matière de chemins de fer ou en matière d'abordage (1). A ce sujet, la Convention de Bruxelles de 1910 dit que « lorsque tous les intéressés sont ressortissants du même Etat que le tribunal saisi, c'est la loi nationale et non la Convention qui est applicable » (art. 12) (2). Ici la loi interne a un domaine spécialement restreint, il faut que la nationalité des intéressés et du tribunal soit la même.

Il faut observer que si en général on peut choisir entre ces deux systèmes, il n'en est pas toujours ainsi. En matière de lettre de change une lettre tirée sur une ville du pays où elle a été créée peut circuler à l'étranger. Il en est de même pour le chèque.

Supposons le choix possible.

Quel est le système préférable? En principe, c'est incontestablement le premier. Il réalise complètement la simplicité du système juridique. Le but poursuivi est ici complètement atteint. Mais si l'on tient compte des possibilités, il faudra souvent se contenter du second. Il constitue déjà un progrès considérable sur le système actuel des droits nationaux différents. Désormais, à l'infi-

---

(1) L'article 1er de la Convention de Berne de 1924 porte que celle-ci s'applique en cas de « lettre de voiture directe pour des parcours empruntant les territoires d'au moins deux des Etats contractants ».

(2) La même formule est répétée par l'article 15 de la Convention sur l'Assistance maritime.

nité de lois qui peuvent être appliquées à un type de contrats passés par une personne, on substitue deux catégories de règles à appliquer suivant les cas : les règles du droit interne, celle du droit unifié. Parce qu'elle est un moindre changement aux habitudes antérieures, cette innovation plus modeste peut être plus facilement acceptée. Elle ne touche pas aux intérêts, aux habitudes de ceux qui ne font le commerce qu'avec l'intérieur. Le législateur de chaque Etat adopte plus volontiers un texte nouveau qui ne limite ses prérogatives que sur un terrain spécial. Si en certaines matières on se contentera longtemps encore de cette innovation mesurée, une complète unification apparaît cependant comme l'idéal lointain qu'il ne faut pas perdre de vue. D'ailleurs pour passer de l'unification des rapports internationaux à l'unification complète, il y a des mesures intermédiaires qui pourront être prises. A la suite d'un traité unifiant les rapports internationaux, les Etats pourront utilement examiner si une partie au moins des règles internationales ne pourraient pas passer dans le droit interne. C'est ainsi qu'en France la loi du 15 juillet 1915 a, en modifiant le Code de commerce, adopté les principes de la Convention de Bruxelles de 1910 sur l'abordage.

Une législation internationale uniforme exerce une force d'attraction incontestable sur les législations internes. Le législateur ayant à rédiger un texte se trouve dans l'alternative ou d'adopter la règle de droit ayant force sur le terrain international ou d'adopter une règle qui lui paraît meilleure. Au premier cas, il assure l'unité complète du droit pour ses ressortissants. Il faut qu'il trouve à une solution différente des avantages bien incontestables pour sacrifier de gaieté de cœur le premier avantage qui est certain.

D'autre part, les Etats peu disposés à unifier complètement une institution pourront encore s'entendre pour établir une unification interne et internationale, mais avec certaines réserves, comme cela avait été fait à la Conférence de La Haye de 1912 sur la lettre de change.

Tout en reconnaissant l'importance d'une unification portant exclusivement sur les relations internationales, on doit remarquer que celle-ci suppose la détermination préalable des opérations qualifiées internationales. C'est ainsi qu'en matière de transports internationaux par chemins de fer, la Convention de Berne s'applique à tous les envois de marchandises remis au transport avec une lettre de voiture directe empruntant les territoires d'au moins deux Etats contractants (art. 1er). Mais pour d'autres matières, on concevrait une autre notion des rapports internationaux. Si des Etats s'entendaient pour appliquer des règles uniformes aux ventes internationales, la notion de ces contrats pourrait raisonnablement être fixée en tenant compte de la résidence des contractants, ou de ce que la marchandise doit franchir la frontière pour être remise à l'acheteur. Il pourrait donc arriver que le domaine international fût différent suivant les institutions envisagées et cette multiplicité de notions de ce domaine serait une complication au point de vue pratique.

Il semble donc que, dans la marche générale vers une

certaine unification du droit, autant qu'on peut le démêler par les premières étapes que nous voyons à notre époque, l'évolution est la suivante. Grâce aux lois de l'imitation dont Tarde a montré toute l'importance, une première étape est parcourue d'une façon spontanée. Les lois d'un pays à l'autre s'imitent mutuellement : des principes, des formules, des institutions dans leur ensemble sont ainsi empruntés à un pays étranger. Ce travail qui se fait inconsciemment gagnerait à l'être d'une façon consciente en se donnant comme but lointain l'unification. Je ne veux pas dire par là qu'il faut en face d'une loi étrangère dont on veut adopter les principes être un servile copiste. Il ne faut pas rejeter *a priori* les améliorations possibles, les systèmes nouveaux. C'est un signe de santé pour un pays de se montrer créateur, de savoir donner sa marque à une institution. Mais encore ne faut-il s'écarter d'un modèle dont on s'inspire que pour de bonnes raisons. L'imitation mutuelle facilitera le passage à la seconde étape qui sera l'établissement de l'unité dans les rapports internationaux. Plus tard enfin l'unification interne et externe, mais avec certaines réserves, ou l'adoption spontanée dans le droit interne des principales règles du droit international unifié rapprocheront de l'unité complète.

Deux aspects de l'unification du droit apparaîtront encore à l'expérience sous l'empire de l'utilité pratique. Dans certains cas, il paraîtra utile que les Etats reconnaissent chez eux la validité d'institutions créées non pas d'après une loi nationale quelconque, mais d'après une loi en quelque sorte supranationale. Souvent aujourd'hui des associations se fondent avec un caractère international devant poursuivre un but d'utilité internationale, avec le concours de personnes de différents pays et en exerçant leur activité sur différents territoires (1). Elles ne peuvent aujourd'hui que se constituer suivant la loi d'un seul pays et elles risquent presque partout d'être traitées comme étrangères (2). Déjà le Congrès des associations internationales tenu à Bruxelles en 1910 avait voté un vœu pour « instituer par voie de Convention diplomatique un statut supernational à l'usage des associations internationales sans but lucratif qui, à raison de leurs statuts ou de leur objet, ne peuvent ni ne veulent se placer sous une législation associationnelle déterminée » et la même année l'International Law Association avait voté à Londres un vœu semblable (3). Peu après, M. de Bar avait présenté à l'Institut de droit international (4) un rapport et un avant-projet de Convention à ce sujet. Les Etats s'enga-

(1) M. Politis, *La condition juridique des associations internationales* (Journ. Clunet, 1923, p. 465 et suiv.), caractérise ces associations par leur caractère privé, le caractère international de leur composition et de leur but.

(2) Aussi certaines associations se constituent-elles suivant certaines lois très libérales pour elles comme la loi belge du 25 octobre 1919 (v. Normandin, *Statut juridique des associations internationales* (th. Strasbourg, 1926, p. 60). V. sur le régime de cette loi pour les associations internationales, p. 109 et suiv. Mais ce système peut offrir des difficultés si elles veulent s'établir à poste fixe dans un pays ou plusieurs et y avoir des biens (V. Normandin, *op. cit.*, p. 63).

(3) V. pour les associations en vue de l'assistance aux étrangers, un vœu de la Conférence internationale d'assistance de 1912, *Revue de droit international privé*, 1912, p. 401.

(4) Réunion de Christiania, 1912, *Ann. de l'Institut de droit international*, XXV, p. 466.

geaient à reconnaître comme personnes juridiques ayant le droit de contracter, d'acquérir par testament ou donation, d'ester en justice les sociétés internationales d'utilité publique qui déposeraient leurs statuts à un Bureau international, et dont les Etats ne refuseraient pas de reconnaître l'existence dans les quatre mois de la remise des statuts, ce refus ne valant d'ailleurs que pour l'Etat qui l'exprime.

Depuis la guerre, la question a été reprise en 1923 sur un rapport de M. Politis, par l'Institut (1), qui a voté à ce sujet un projet de Convention pour les associations accessibles aux sujets de divers pays et poursuivant sans esprit de lucre un but d'intérêt international. Elles devraient avoir des statuts visant un certain nombre de points. Elles devraient déposer leurs statuts à un Bureau international permanent qui ne pourrait refuser l'enregistrement qu'en cas d'insuffisance ou d'irrégularité des documents. Le Bureau notifierait les statuts aux Etats contractants. Quatre mois après, l'association jouirait dans les différents Etats des avantages de la personnalité. Chaque Etat aurait la faculté en ce qui le concerne de refuser la personnalité à l'association qui, par son objet ou la qualité de ses représentants, paraîtrait constituer chez lui un danger pour l'ordre public. Le refus serait motivé et pourrait dans les quatre mois être attaqué pour excès de pouvoir devant la Cour permanente de Justice internationale. Les associations internationales pourraient ester en

---

(1) V. *Ann. de l'Institut de droit international*, XXX, p. 120 et suiv., et pour la suite des travaux, p. 156 et suiv. et 318 et suiv.

justice, être propriétaires de meubles et d'immeubles, mais seulement si ces derniers sont nécessaires à leur administration ou à l'accomplissement de leurs buts : elles pourraient recevoir des libéralités sous réserve d'autorisation de l'Etat dont relève le donateur.

Sans doute ce projet soulève certaines difficultés, notamment quant au recours donné contre le refus des Etats. Mais l'adoption d'une réglementation supranationale des associations même dans un sens moins libéral que ce projet serait un progrès appréciable et dont le besoin se fait sentir en présence de plusieurs centaines d'associations internationales existant à l'heure actuelle (1).

Le même fait peut se présenter pour des sociétés commerciales qui ont une entreprise d'utilité internationale comme le canal de Suez. L'avenir arrivera peut-être à dire que ces groupements pourront se constituer en adoptant des règles établies pour ce cas par une Convention internationale, ce qui leur permettrait de n'être nulle part traitées avec cette défaveur que l'on peut avoir pour des étrangers. Ce serait encore une forme d'unification se limitant au terrain international, mais ici ce qui serait international ou plutôt soumis à un statut commun, ce serait non plus un contrat, mais une institution (2).

La pratique offre déjà un autre aspect de l'internationalisation, c'est celui qui consiste à considérer les adminis-

(1) V. Répertoire des organisations internationales, Genève, 1926. — Cf. NORMANDIN, *op. cit.*, p. 20 et suiv.

(2) On s'est aperçu de cette difficulté en créant par la convention du 9 décembre 1907 l'Office international d'hygiène. D'après l'art. 3 des Sta-

trations des divers Etats comme n'étant que les bureaux d'un même service, de telle sorte qu'une formalité ayant été accomplie devant l'une d'elles ou un contrôle ayant été exercé par une quelconque d'entre elles, la formalité, le contrôle soient considérés comme ayant été accomplis devant les autres. Nous avons déjà vu l'application de ces idées en matière d'automobile ou d'aviation (1). Un certificat de navigabilité, un certificat de route obtenu dans un Etat vaut dans les autres, de même un dépôt de marque dans un Etat peut valoir dans les autres. Ces solutions sont susceptibles de généralisation si on décide que telle déclaration faite dans un Etat dispense de la recommencer dans un autre. Il suffit pour cela d'établir des ententes pour qu'un Etat prévienne les autres. Le fait d'admettre qu'un examen satisfaisant dans un Etat vaudra pour d'autres suppose quelque chose de plus : une confiance mutuelle entre les diverses administrations. Cela n'est pas *a priori* impossible et c'est encore une forme d'une sorte d'unification dans les rapports internationaux dont il faut souhaiter le développement. Sans doute ce n'est qu'une forme de la reconnaissance des droits acquis, mais elle a une importance spéciale.

Celle-ci n'est d'ailleurs pas toujours la même. Lorsqu'un

---

tuts de l'Office contenus en annexe au traité, « le Gouvernement de la République française prendra sur la demande du Comité International les dispositions nécessaires pour faire reconnaître l'Office comme établissement d'utilité publique ». C'est-à-dire que cet Office International a été constitué comme établissement d'utilité publique suivant la loi française. La même solution se trouve déjà à l'art. 3 du règlement annexé à la convention du 20 mai 1875 créant le Bureau International des poids et mesures.

(1) V. *supra*, p. 85.

Etat dans une circonstance donnée constate un fait assez facile à constater : comme celui que telle voiture ou avion a bien telles dimensions, tels appareils, on peut assez aisément lui faire confiance. Mais si une Administration a à apprécier si une personne a les qualités voulues pour être pilote, capitaine de navire, etc., il faut beaucoup plus de confiance en elle pour que l'examen passé avec succès vaille à l'étranger.

CHAPITRE IV

Technique de la législation unifiée

—

Lorsque sur un point donné l'unification est projetée, il se présente un problème de technique législative. De quelle manière et en quelle forme doit être traitée la matière à réglementer? Ce problème ne semble avoir été aperçu que dans ces dernières années, notamment dans le beau livre de M. Afredo Colmo (1). Son étude que nous ne pouvons qu'indiquer soulève une série de questions particulières : faut-il donner des définitions ou laisser ce soin à la doctrine, faut-il poser des règles générales ou seulement des règles particulières, faut-il donner aux préceptes légaux une forme abstraite ou concrète, faut-il donner aux textes une formule impérative ou la forme d'une simple constatation. De façon plus générale, les lois doivent-elles s'efforcer de résoudre toutes les questions de la matière traitée, ou doivent-elles seulement poser certaines règles permettant un développement ultérieur de la jurisprudence et de la doctrine.

Sans entrer dans les détails, on peut constater que trois techniques principales se sont fait jour dans les pays civilisés. Celle du droit anglais a pour caractère de formuler sans grand ordre des textes de lois dans lesquelles on n'a

---

(1) Tecnica legislativa del Codigo civil argentino, Buenos-Ayres, 1917, spec., p. 157 et suiv. *Adde* : Gény, *La technique législative dans la codification civile moderne*. Livre du centenaire du Code civil, II, p. 989.

pas la prétention de saisir tout le problème juridique, mais seulement de donner quelques solutions pratiques, le surplus se trouvant remis à la décision de la jurisprudence, celle-ci étant chargée de ce que les Américains nomment la construction de la loi (1). La technique allemande telle qu'elle s'est révélée dans le Code civil de 1896 est en opposition absolue avec la première. Tandis que celle-ci est l'œuvre d'un praticien repoussant de propos délibéré les idées générales, la technique germanique vise à épuiser le problème juridique par des solutions méthodiquement classées, d'un contenu aussi riche que possible, d'où une forme abstraite souvent peu accessible.

Entre ces deux conceptions extrêmes dont l'une fait de la loi une œuvre uniquement pratique et à courte vue, et l'autre une œuvre de science, il y a des techniques intermédiaires. Le Code suisse tout en maintenant le principe d'une méthode d'exposition a cherché à donner à la législation une forme aisément accessible et s'est occupé de la souplesse de la législation en donnant au juge un pouvoir de décision dans des cas nombreux. De son côté, le Code civil français s'est efforcé de créer une législation méthodique sans doute, mais surtout claire, et pour cela ne consacrant pas trop de principes ; enfin il ne donne au juge que des pouvoirs d'interprétation et rarement de décision. La technique du Code argentin s'en rapproche notablement. Ce sont les mêmes phrases courtes, claires et

(1) V. à ce sujet Edouard LAMBERT, *Le gouvernement des juges*, p. 130 et suiv.

précises. Toutefois les dispositions sont beaucoup plus nombreuses pour éviter au juge d'avoir à se prononcer d'après son propre avis sur trop de questions.

Le conflit entre ces diverses techniques est moins grave qu'il ne paraît. Car il s'agit ici d'ordinaire non de règles précises, mais de tendances qui émergent au milieu des discussions spéciales.

Il résulte toutefois de là une indication, c'est qu'à raison des techniques très voisines adoptées inconsciemment par les pays latins, l'unification de leurs législations apparaît plus facile. La tâche sera moins aisée au contraire le jour où il s'agira de tenter l'unification avec des pays anglo-saxons. Il serait donc d'une bonne méthode de commencer d'abord par tenter l'unification du droit plutôt entre des pays latins. Cela serait loin d'être inutile pour les pays anglo-saxons. Car chez eux, ainsi qu'on l'a observé pour la lettre de change, il y aurait tout avantage si, au lieu d'avoir à se préocuper des lois d'une multitude d'Etats, on n'avait plus à tenir compte que d'un groupe compact de législations. Si plus tard un rapprochement est tenté entre les pays anglo-saxons et les autres, l'œuvre sera plus facile en même temps qu'elle permettra aux méthodes latines, grâce à leurs qualités d'ordre et de clarté, de se faire une place suffisante.

Si la technique de l'unification internationale n'est qu'un aspect plus délicat du problème général de la technique, elle présente cependant un caractère spécial. Dans le droit interne, le législateur peut se livrer à certaines innovations assez hardies, tenter des expériences, avec l'arrière-pensée de modifier son œuvre s'il était nécessaire.

Ces expériences sont plus dangereuses sur le terrain international que sur le terrain national. Il s'agit de cas où les conséquences des erreurs sont plus graves et plus difficiles à rectifier, parce qu'il s'agit d'une organisation plus lente à mettre en mouvement. La loi internationale sera donc de préférence une collection de textes dont la portée sera nettement établie. Il vaut mieux renoncer à traiter certaines questions que de le faire hâtivement et de créer de nombreuses difficultés d'interprétation.

D'un autre côté, tant qu'il n'y aura pas de juridictions supérieures pour unifier l'interprétation, il y a intérêt comme on l'a reconnu à propos de la lettre de change, à multiplier les solutions en vue d'éviter les divergences dans la pratique des tribunaux et des hommes de lois.

CHAPITRE V

Comment la législation unifiée peut pénétrer dans chaque Etat

—

Lorsque les textes unifiés ont été adoptés dans des Conférences internationales, il faut leur faire franchir une nouvelle étape en les faisant pénétrer dans la législation de chaque Etat. Si cela a lieu en soumettant à chaque Parlement un projet dont on lui demande l'adoption, ce projet lui sera nécessairement soumis dans la langue du pays. Le texte rédigé dans cette langue aura seul un caractère officiel, il se trouvera seulement coïncider avec les lois adoptées par d'autres Etats. Il conviendra toutefois ici d'éviter des divergences inutiles. Si le projet rédigé en commun doit être soumis à deux Etats de même langue comme des pays de langue espagnole, comme le Portugal et le Brésil, ou la France et la Belgique, il sera à souhaiter que le texte à présenter soit arrêté en commun dans cette langue par les Gouvernements des deux Etats, pour éviter des divergences d'expression qui pourraient amener des hésitations sur le sens de la pensée du législateur.

Si l'unification est réalisée par voie de Convention, le problème linguistique se présente d'une façon plus complexe. On peut rédiger les textes en plusieurs langues et donner à chacun de ces textes un caractère officiel. C'est ce qui a déjà été fait dans des pays ayant plusieurs langues.

En Suisse le Code a été publié en trois langues de sorte qu'aucun des trois textes ne puisse être considéré comme une simple traduction (1). Un autre système a été suivi pour la Convention de Berne du 23 octobre 1924 sur les transports de marchandises par chemins de fer. L'art. 63 déclare que la Convention a été conclue et signée en langue francaise suivant l'usage diplomatique établi. Mais « au texte français sont joints un texte en langue allemande et un texte en langue italienne qui ont la valeur de traductions officielles. En cas de divergence, le texte français fait foi ». Ici il n'y a donc qu'une langue à laquelle en cas de difficulté on puisse se référer (2).

Il est très délicat de savoir quel est le meilleur système. On peut toutefois observer que jusqu'ici les traités ont été d'ordinaire rédigés dans une seule langue sans qu'il en soit, semble-t-il, résulté d'inconvénient. Mais à

---

(1) V. le rapport à ce sujet dans Rossel et Mentha, *Manuel de droit civil suisse*, I, p. 46.

(2) Une solution voisine a été donnée par la Conférence internationale du travail le 8 juin 1927 à propos de la langue des conventions et recommandations votées sur la proposition du Bureau international du travail. Elle a adopté la motion suivante :

« Après le vote des textes authentiques français et anglais, les projets de conventions et de recommandations pourront, à la demande des gouvernements intéressés, faire l'objet de traductions officielles établies par le directeur du Bureau international du travail et déposées entre les mains du secrétaire général de la Société des Nations. Il appartiendra aux gouvernements intéressés de considérer ces traductions comme faisant foi dans leurs pays respectifs pour l'application des conventions et recommandations ».

Il y a donc ici deux textes authentiques : le texte français et le texte anglais, mais chaque Etat peut considérer chez lui la traduction officielle comme devenant un texte officiel.

Sur le choix des langues dans ces questions, cf. J. B. Scott, *Le français langue diplomatique*, p. 308-319.

mesure que les traités à but législatif se multiplieront, leur interprétation ayant plus souvent l'occasion d'être donnée par les tribunaux, il sera plus utile qu'il y ait dans la langue du pays un texte officiel dispensant de recourir à un autre écrit dans une autre langue. Malgré quelques divergences possibles, l'avenir est peut-être plutôt du côté de la pluralité de textes officiels.

Le texte étant promulgué dans chaque pays, il faudra le faire vivre dans un milieu spécial. Chaque Etat pourra le compléter par des lois, des décrets, des arrêtés pour en faciliter l'application, déterminer notamment les Administrations chargées de remplir certaines formalités, préciser leur organisation et leur fonctionnement. Chaque Etat pourra même régler dans une institution uniformisée des points non prévus dans le droit uniforme, mais à condition de ne pas contredire les dispositions unifiées, soit dans leur texte, soit dans leurs conséquences.

Il faudra également faire cadrer le texte uniforme avec le surplus du droit de chaque pays. Cette question difficile se présente à la fois pour les rédacteurs des textes unifiés et pour les interprètes.

Les premiers, dans les textes où se combinent les solutions internationales avec les particularités nationales des institutions et de la procédure, doivent faire cadrer l'ensemble nouveau avec des disparates qu'il faut maintenir. Pour cela des textes internationaux de fonds faisant allusion à des juridictions compétentes ou à des moments déterminés de la procédure devront être assez généraux pour s'appliquer à des organisations judiciaires différentes, à des théories diverses sur la date des effets des jugements. Ailleurs, la frontière devant être fixée entre la loi de fonds internationale et des lois de fonds nationales visant certaines matières plus restreintes, il faudra indiquer si on entend faire disparaître ces dernières ou leur laisser une place malgré un texte plus général. Ce dernier système sera le plus prudent, car il ne faut pas à la légère faire disparaître telle solution spéciale auquel on peut tenir beaucoup dans un pays. Il ne faut pas exagérer le désir de l'uniformité. Le texte adopté dans tel Etat pourra donc utilement contenir un additif spécial : sous réserve des lois spéciales à telle institution.

Il sera assez souvent délicat pour l'interprète de déterminer l'étendue d'application du texte nouveau qui peut avoir son esprit spécial par rapport aux textes du droit national. On peut s'apercevoir à la réflexion que tel texte uniforme a des prolongements insoupçonnés. Ainsi des articles sur les effets des contrats peuvent avoir l'occasion de s'appliquer dans les sociétés par actions, dans les faillites. Ainsi en serait-il d'un texte général fixant le point de départ des intérêts pour retard qui recevrait application si un actionnaire n'a pas versé au jour convenu le complément du montant de son action. Mais si un texte du droit national a réglementé l'application d'un principe dans un cas spécial en insérant des modalités spéciales, il faut admettre que le législateur ayant soustrait au droit commun ce domaine particulier, la nouvelle règle de droit commun ne s'applique plus. Ainsi en serait-il si le législateur avait soumis le cours des intérêts à l'encontre de l'actionnaire en retard à un système particulier. Cette application du principe : *specialia generalibus non derogant* aura donc cette conséquence que le texte uniforme aura suivant les pays un domaine plus ou moins grand d'application (1). Cela étonne quelque peu à première vue. Mais en réalité il faut dire qu'un principe n'est adopté que sauf le cas où un domaine spécial lui a été enlevé par une loi particulière, et c'est l'Etat qui n'a pas de loi particulière qui donne à la Convention un domaine supplémentaire.

Des difficultés se présenteront également si l'application de la Convention suppose l'emploi de certaines définitions données par le droit national. Ici encore le droit national va fixer l'étendue de la Convention. Mais on pourra se demander s'il est immuable sur ce point. Je ne le crois pas. Il faut d'ailleurs pour l'époque actuelle et pour habituer plus facilement à l'unité, admettre ces définitions nationales dans l'espoir d'arriver plus tard à l'unité plus complète par des définitions arrêtées en commun.

---

(1) V. à ce sujet, à la suite d'adoption de lois uniformes aux Etats-Unis, Edouard LAMBERT, *Le droit commun de la Société des Nations*, p. 12 et les auteurs américains cités.

CHAPITRE VI

Conséquences de l'unification

—

Le problème de l'unification n'est pas résolu le jour où l'on a mis en vigueur des textes arrêtés en commun. Le fait de l'unification a des conséquences d'autant plus complexes que l'unification étant aujourd'hui une chose exceptionnelle, on s'est moins préoccupé de ses suites. Mais il ne faut pas négliger qu'une loi n'est pas une chose rigide et ferme dans ses contours, suffisante pour enserrer invariablement et définitivement tous les faits qui se produiront. Bien que la loi paraisse satisfaire le besoin de sécurité, qu'elle donne l'impression d'une certaine permanence et d'un cadre durable pour donner une certaine importance à chacun des intérêts en présence, la loi n'est qu'un assemblage de mots qui éveillent des images de situations concrètes auxquelles on appliquera un certain régime. Or les situations réelles peuvent ne pas coïncider exactement avec les images des législateurs, elles peuvent même s'en éloigner beaucoup et l'appréciation qui a été faite des intérêts en conflits perd de sa valeur. Il faut alors que la doctrine et la jurisprudence interviennent et, tout en se tenant dans l'esprit général des institutions, étendent les solutions légales ou les limitent, puis concentrent ces solutions un peu éparses en un principe général, en une distinction qui servent de guides pour des difficultés ultérieures. Il est important, dans cette vie du droit dont la loi n'a marqué qu'une des étapes que le travail d'unification se continue, que parti de l'uniformité internationale de la loi on arrive à l'uniformité du droit vivant. Il est à noter que déjà dans les Conventions existantes il a été prévu certaines mesures destinées au moins partiellement à en assurer l'application commode et à les adapter aux changements qui pourraient se produire. C'est ainsi que la Convention de 1924 sur les transports par chemins de fer prévoit l'institution d'un Office central des transports internationaux par chemins de fer qui doit recevoir les communications des Etats, les notifier, etc., recueillir, coordonner et publier les renseignements intéressant les transports internationaux. De même la Convention postale a prévu (art. 22) un Bureau international de l'Union postale universelle chargé de recevoir, coordonner et publier les renseignements intéressant le service international des postes, d'émettre à la demande des parties en cause un avis sur les questions litigieuses.

Les Conventions ont également parfois prévu des réunions périodiques ou non. C'est ainsi que la Convention postale prévoit des réunions soit quinquennales, soit exceptionnelles sur la demande des deux tiers des Etats (art. 25). Une solution analogue se trouve encore dans la Convention de Berne de 1890 sur les transports par chemins de fer (art. 59). Et la Convention de 1924 (art. 60) prévoit la revision de la Convention tous les cinq ans après la mise en vigueur des modifications adoptées.

Si nous laissons de côté ces matières où se mêlent les dispositions administratives et de droit privé, il faut examiner ce qu'il conviendra de faire lorsque se seront multipliées les Conventions unifiant des institutions de pur droit privé.

Le premier travail qui s'imposera sera d'assurer la connaissance des diverses jurisprudences qui se formeront dans les pays qui ont uniformisé leur droit. Jusqu'ici les décisions judiciaires ont été publiées à peu près exclusivement dans des recueils nationaux. C'est à peine si quelques recueils de jurisprudence, comme le *Recueil français du Sirey* ou la *Pasicrisie belge* ont consacré une partie spéciale assez courte à la jurisprudence étrangère. Il faudra dans l'avenir, tout en maintenant les Recueils actuels qui ont leur utilité, avoir des publications donnant les décisions importantes qui seront rendues dans les divers pays ayant unifié leur droit. Il faudra sur ces décisions opérer le même travail d'analyse, de comparaison et de critique qui se fait aujourd'hui sur les décisions nationales.

Déjà des tentatives de ce genre ont été faites depuis quelques années. La *Revue de droit maritime comparé*, depuis 1923, constitue un Recueil d'un droit spécial extrêmement important où les décisions des grands pays maritimes sont reproduites et commentées dans des notes. Cette Revue peut être donnée comme modèle de ce qui devra être fait dans l'avenir. Des analyses de la jurisprudence de pays ayant un régime juridique très voisin de celui de la France : l'Egypte et le Canada, ont déjà été commencées par la *Revue trimestrielle de droit civil* et pourraient être utilement étendues.

La connaissance de la jurisprudence étrangère qui résultera de ces publications aura un premier résultat heureux. Une décision judiciaire constitue une somme de réflexions sur l'application de textes à un cas plus ou moins nouveau. Elle a donc à ce titre une valeur au delà des frontières. Sa valeur n'est pas moindre que celle de décisions de Cours d'appel ou de tribunaux invoquées devant d'autres Cours d'appels ou d'autres tribunaux. Sans doute ces décisions ne portent pas en elles-mêmes une menace de réformation ou de cassation si une nouvelle juridiction statuait en sens opposé, elles valent déjà par la force de leurs raisonnements, par l'équilibre qui a été assuré aux intérêts en conflit. Elles ont, pourrait-on dire, une force *non ratione imperii sed rationis imperio*. Il y a donc là un certain agent de rapprochement des jurisprudences nationales (1).

Une doctrine internationale devra également s'élever sur un droit unifié. De façon générale elle devra, confor-

(1) Cette question de l'uniformité de jurisprudence se présente aussi dans les Etats fédéraux là où il existe un droit identique pour plusieurs Etats ayant des juridictions indépendantes. C'est ce qui se présente aux Etats-Unis où la Commission pour l'unification du droit a créé un Comité pour l'uniformité des décisions judiciaires et où l'American Bar Association s'est occupée de la question (v. Mlle MADIEN, *L'association du Barreau américain*, p. 61 ; SICHERMANN, *Construction of clause in uniform statute law providing for uniformity of interpretation*, Am. Bar Ass. Journal, 1916, p. 60 et suiv.). Il a été remarqué à ce sujet (Harvard Law Review, XXIX, p. 541) que pour assurer l'uniformité de l'interprétation, parfois les Cours de certains États ont été jusqu'à abondonner leur propre jurisprudence. Mais d'autres Cours ont malheureusement ignoré cet idéal. Le fait s'est présenté principalement à propos de l'Acte sur les instruments négociables (v. *Journ. of. comparative législation* N. S., XXXVI, p. 366).

mément au rôle qu'on lui reconnaît généralement aujourd'hui, faire sur une jurisprudence internationale le même travail qu'elle a fait jusqu'ici sur les jurisprudences nationales. Elle devra étudier, classer les décisions, voir quelle ligne de conduite suivent les tribunaux des pays à droit unifié, rechercher les motifs profonds de ces tendances, les apprécier. Les monographies ou les grands traités devront fixer la valeur de cet ensemble considérable de jurisprudence. Et ici pourront trouver place utilement les idées préconisées par M. Edouard Lambert. L'interprète, loin de chercher à mettre en valeur les contradictions, comme un archéologue qui cherche les choses originales et exceptionnelles, devra plutôt s'efforcer de systématiser la jurisprudence en dégageant le courant principal, en recherchant les raisons d'ordre pratique qui souvent l'ont guidée. Cela ne l'empêchera pas d'ailleurs de donner sa libre appréciation sur les intérêts qui ont été parfois sacrifiés, sur le respect littéral des textes maintenu parfois au détriment du but visé. Ainsi le travail doctrinal sera lui aussi une contribution au rapprochement des jurisprudences. En les systématisant dans des formules générales, limitées toutefois par la considération des cas particuliers, elle contribuera à les canaliser et à les renforcer.

Le résultat de cette connaissance des diverses jurisprudences, de cette formation d'une doctrine d'une utilité véritablement internationale sera important. C'est un fait évident que plus un pays est peuplé, plus son activité commerciale et partant juridique est développée, plus une jurisprudence s'y forme de façon rapide et complète. Au contraire dans les Etats moins peuplés, des législations même très intéressantes sont restées à l'état de simples germes : les décisions trop rares n'ont pu constituer un corps de solutions complétant et vivifiant la loi. Ces Etats profiteront grandement de jurisprudences établies dans d'autres pays. C'est ainsi qu'en Europe la communauté presque complète de législation civile entre la France, la Belgique et le grand Duché de Luxembourg a eu ce résultat que les décisions françaises ont été fréquemment invoquées en Belgique comme inversement les arrêts belges ont pu être cités devant les juridictions françaises. En effet les avocats qui ne trouvent pas de précédents dans leur propre pays sont heureux de faire appel à ceux qu'ils trouvent dans des pays voisins ayant la même législation. Ce phénomène n'est d'ailleurs que la suite de celui qui s'était produit dans notre ancienne France. La juridiction du Châtelet de Paris avait constitué, à raison même des causes très nombreuses de la capitale qu'elle avait à juger, une jurisprudence qui avait souvent influencé les juridictions des provinces qui ne trouvaient pas dans les affaires antérieurement jugées par elles le précédent que leur offrait souvent le Châtelet de Paris. On ne saurait trop mettre en valeur ce fait, conséquence en partie de l'imitation. Les lois autour desquelles se forment une jurisprudence et une doctrine abondante constituent un système de droit qui influence naturellement les pays dans lesquels des règles légales semblables sont adoptées. En même temps il résulte de là une certaine sécurité pratique. De même que la jurisprudence nationale cohérente donne un apaisement aux hommes d'affaires quant aux clauses qu'ils peuvent ou non insérer dans les actes, quant aux conseils qu'ils peuvent donner à leurs clients, de même la jurisprudence et la doctrine d'un pays étranger ayant un système juridique voisin peuvent permettre de se prononcer par avance en ayant une base solide sur des questions encore nouvelles dans le pays.

Les ouvrages doctrinaux dont l'importance dépendra surtout du zèle scientifique déployé dans les divers centres intellectuels seront, sur les institutions unifiées, d'une utilisation plus directe qu'aujourd'hui. On n'aura plus cette crainte en les utilisant hors de leurs pays d'origine d'aller à l'encontre de telle disposition de la loi nationale. L'unification des lois préparera donc un sérieux progrès du droit si l'on veut faire rendre à cet instrument tout ce qu'il peut donner.

Malgré le rapprochement que les moyens précédents peuvent assurer entre les applications du droit unifié dans les divers Etats, il faut cependant prévoir des difficultés qui subsisteront. Dans chacun des Etats, il y a une tendance à assurer l'unité de la jurisprudence par le moyen d'une Cour Suprême qui maintient les interprétations qu'elle a une fois données et qui assure ainsi une application générale et durable des lois dans un sens déterminé (1).

Mais lorsqu'il existe une loi internationale, il y a un

(1) Cette Cour suprême peut même assurer dans son pays l'interprétation uniforme des lois étrangères à condition de considérer qu'il y a dans cette interprétation une question de son domaine (ce que la Cour de cassation n'admet pas en France et il en est de même en Belgique,

texte qui a l'occasion d'être fréquemment appliqué dans plusieurs Etats. La situation n'est pas la même que pour une loi nationale qui est souvent mise en œuvre par les juges nationaux et rarement par les juges étrangers. Il y a donc intérêt à éviter la formation de jurisprudences opposées. La crainte que l'on peut avoir de cette situation n'est pas purement théorique. C'est ainsi que les textes du Code Napoléon qui sont en vigueur à la fois en France et en Belgique sont compris dans le premier pays comme reconnaissant la personnalité morale aux sociétés civiles et dans le second comme la leur refusant. A mesure que l'époque de la rédaction des textes internationaux s'éloignera, les questions nouvelles se multiplieront et les dangers de contradictions s'accroîtront. L'esprit différent de juridictions : les unes plus attachées aux textes, les autres plus progressives, se fera jour d'avantage. La sécurité que l'on voulait donner aux commerçants n'existera plus d'un façon complète.

Pour remédier à ces développements divergents d'un droit fondé sur les mêmes textes, deux procédés apparaissent : la création d'une juridiction civile internationale et la revision des textes communs.

La création d'une juridiction civile internationale n'est qu'un aspect particulier du développement des cours internationales qui s'est manifesté depuis la fin du dernier

---

au Luxembourg, en Allemagne, aux Pays-Bas, en Roumanie, en Italie, au Chili, à Cuba. — V. PILLET et NIBOYET, *Droit international privé*, n° 362). Mais elle peut donner à cette loi une portée autre que les tribunaux du pays où elle a été promulguée.

siècle. Elles sont apparues d'abord dans le droit international public où l'on a vu naître successivement, pour juger les conflits entre les Etats, la Cour internationale d'arbitrage créée en 1899, puis la Cour permanente de Justice internationale de La Haye créée en vertu du Pacte de la Société des Nations (art. 14) en 1920. L'idée d'une Cour permanente de justice criminelle internationale a été discutée dans des réunions récentes, notamment dans le Congrès de Bruxelles de l'Association internationale de droit pénal (1926) et dans le Congrès de l'Association internationale de droit tenu à Vienne (1926) (1). Des statuts précis ont même été présentés. L'idée d'une juridiction civile internationale est également mise en avant à l'heure actuelle (2).

Il importe immédiatement de préciser en quoi diffère le but poursuivi jusqu'ici par cette Cour de justice civile internationale et celui que nous poursuivons ici. Quand au Congrès de Stockholm de 1924 cette proposition a été faite, il a été remarqué que le commerce international souffrait de ce fait qu'un marchand craint d'entrer en relations avec le sujet d'un pays dont les lois, les tribunaux et la procédure lui sont inconnus et qu'il appréhende un manque d'impartialité des Cours de justice étrangères. Pour remédier à cela, il faudrait organiser une Cour perma-

---

(1) V. à ce sujet, CALOYANNI, *La Cour permanente de justice criminelle internationale*, *Revue internat. de dr. pénal*, 1925, p. 298 et 1926, p. 469 ; SALDANA, *La justice criminelle internationale*, id. 1926, p. 338 ; PELLA, *De l'influence d'une juridiction criminelle internationale*, id. 1926, p. 391.

(2) V. *A permanent Court in civil matters* par M. P. DE AUER, *Intern. Law Association*, 33e Conférence, Reports, p. 366-375.

nente de justice civile internationale. Ses membres seraient nommés comme ceux de la Cour permanente de justice internationale actuelle. Ils seraient considérés comme se rattachant à la Société des Nations et ils bénéficieraient de l'immunité diplomatique. Ils seraient compétents pour les procès de droit civil international à condition que l'intérêt en jeu atteignit un chiffre suffisant et qu'il ne s'agit pas de statut personnel. La Cour appliquerait aux litiges les traités existants et la coutume internationale, et les décisions rendues ne seraient dans aucun des Etats adhérents à la Société des Nations considérés comme décisions émanant d'une juridiction étrangère. Ce projet en lui-même ne tranche pas nettement deux graves questions, d'abord de savoir si la cour serait compétente nécessairement ou sur entente entre les deux parties ou sur la demande de l'une d'elles, et ensuite il ne dit pas ce qu'il faudra entendre par coutume internationale en présence des systèmes très divers de solutions du conflit des lois.

Le but de cette Cour serait d'assurer une solution meilleure de tous les litiges privés internationaux en en confiant la solution à des magistrats ayant une grande expérience du droit international et qui arriveraient à constituer une jurisprudence unifiée : ce qui, explique l'auteur, est meilleur que de faire trancher ces litiges par de simples arbitres, et cela est très exact.

Il s'agit donc ici d'assurer surtout une justice impartiale et subsidiairement seulement d'arriver à une jurisprudence unique.

A la suite d'une unification un peu étendue du droit privé, le problème qui se posera sera un peu autre. Il faudra assurer l'unité d'interprétation de ces textes et cela aussi bien dans les litiges internes que dans les litiges internationaux si l'unification porte à la fois sur le droit interne et le droit international. La juridiction internationale à la création de laquelle on peut penser ici doit être examinée quant à la mission précise qu'on peut lui assigner et quant à l'organisation qu'il faudra lui donner.

Si l'on veut obtenir l'unité de jurisprudence, il faut que la juridiction internationale ait compétence dans tous les cas où la loi uniforme peut être applicable. Sa compétence s'étendra donc uniquement à des litiges internationaux si l'unification est réalisée seulement dans les rapports internationaux, mais elle s'appliquera aussi aux litiges internes si l'unification englobe les rapports internes.

Ceci parait démontrer sinon l'impossibilité du moins la grande difficulté qu'il y aurait à établir une juridiction internationale au-dessus des Cours suprêmes nationales. Il résulterait de cette situation plusieurs inconvénients. Tout d'abord on multiplierait les degrés de juridiction et cela au bénéfice principal des plaideurs déterminés à prolonger les procès. Souvent les affaires avant d'arriver à la Cour Suprême sont l'objet d'un examen en première instance et d'un appel. La procédure devant une juridiction internationale viendrait en quatrième lieu.

Outre les frais et les pertes de temps qui résulteraient de là, on arriverait à faire en dernier ressort juger des procès dans une localité souvent très éloignée du lieu d'origine. Ce second inconvénient ne serait pas toutefois sans remède. Un moyen consisterait à avoir une Cour unique, mais ayant des sections dans les divers pays dont le droit a été uniformisé. Mais cette subdivision de la même juridiction serait de nature à compromettre l'unité complète de la jurisprudence qui est le but principal à atteindre. Aussi un moyen meilleur serait d'avoir une juridiction qui tiendrait des sessions dans les divers pays ayant établi entre eux une certaine communauté de droit. La justice serait ainsi rapprochée du justiciable. Ce système de juridiction ambulante ne soulèverait pas d'obstacle particulier.

Il resterait un inconvénient plus sérieux. Les Etats accepteraient-ils de voir les décisions de leurs juridictions suprêmes censurées par une juridiction internationale ? Cela est très douteux. On pourrait essayer de tourner la difficulté en disant que le plaideur pour les matières unifiées aura le droit ou même l'obligation dans les cas où normalement il devrait s'adresser à la Cour suprême nationale de s'adresser à la Cour internationale. Mais si on laissait le choix au plaideur, on risquerait encore d'avoir sur les matières unifiées deux jurisprudences parallèles : celle de la Cour suprême nationale et celle de la Cour internationale. On serait donc amené à éliminer en certaines matières la compétence de la Cour suprême nationale, ce qui heurterait les habitudes prises.

Il faut encore signaler que les Cours suprêmes ne sont pas organisées dans tous les pays sur un type uniforme.

Tandis que dans certains Etats comme la France et la Belgique, la Cour de cassation statue uniquement en droit et renvoie l'affaire après cassation devant les juges du fait, ailleurs elle rend la décision comme elle aurait dû l'être par les juridictions du premier ou du second degré (1). Il serait délicat de déterminer comment la Cour internationale devrait ici statuer pour ne pas s'écarter du système admis dans tel ou tel Etat adhérent. Il faudrait en effet choisir entre le système de la simple cassation et celui de la réformation.

L'organisation d'une Cour internationale unique commune aux Etats ayant unifié leur législation peut faire craindre un encombrement préjudiciable à la rapide solution des affaires. Celles-ci pourront en effet être fort nombreuses. Dans les divers pays, l'encombrement des Cours suprêmes est évité en empêchant de les saisir d'une affaire au premier degré, en limitant de diverses façons les conditions dans lesquelles elles peuvent être saisies. On pourrait songer à employer certains de ces moyens. On pourrait également faire un triage parmi les recours présentés à la Cour internationale en établissant dans celle-ci une Chambre des requêtes chargée de rejeter les prétentions qui, après un rapide examen, sembleraient mal fondées.

L'organisation d'une Cour internationale présente donc de nombreuses difficultés. Toutes ne sont pas également insurmontables. L'idée en reste réalisable si l'unification n'est effectuée que sur le terrain international.

---

(1) V. P. Calamandrei, *La cassazione civile*, I, p. 654 et suiv.

Etant données les difficultés à organiser une Cour internationale fonctionnant dans les conditions ordinaires, on pourrait concevoir une juridiction de ce genre ne statuant que dans l'intérêt de la loi. En France le procureur général, lorsqu'il estime qu'une Cour a interprété une loi de façon inexacte, peut, dans le silence des parties, déférer la décision rendue à la Cour de cassation pour éviter que cette interprétation inexacte ne se propage dans d'autres affaires. La décision que rend sur ce pourvoi la Cour suprême n'a qu'une portée morale. Elle donne l'interprétation correcte de la loi, mais ne modifie en rien la situation des parties : elle manifeste seulement quelle serait sa décision si un plaideur soumettait à nouveau le même point (1).

On pourrait penser à transporter cette institution sur le plan international. Une Cour internationale pourrait, semble-t-il, par son influence, assurer une correcte interprétation des textes. Mais cette solution séduisante à première vue rencontrerait deux obstacles principaux.

La Cour de cassation qui la plupart du temps statue sur la demande des parties par des décisions qui leur sont favorables ou préjudiciables, profite de cette situation lorsqu'elle statue dans l'intérêt de la loi. On sait que plus tard elle peut rendre sur le même point une décision qui aura un effet direct sur les droits des parties. Une Cour ne rendant que des décisions de portée morale n'aurait sans doute pas par celles-ci le même ascendant.

En outre il serait délicat de déterminer qui aurait

(1) Art. 80 et 88, loi du 27 ventôse an VIII. — V. GLASSON et TISSIER *Précis de procédure*, II, p. 174.

qualité pour saisir cette Cour internationale, puisque les plaideurs n'auraient aucun intérêt à le faire, le procès étant quant à eux terminé. Un magistrat appartenant à un pays pourrait difficilement lui déférer une décision rendue dans un autre pays. La création d'une Cour dans ces conditions apparaît donc chose difficile.

Une solution plus modeste pourrait du moins être tentée. Il serait possible de créer entre les Etats ayant uniformisé une partie de leur droit une Cour d'arbitrage international. Il pourrait être permis de stipuler dans un contrat que les parties, en cas de conflit à son sujet, s'en remettront à cette Cour. Des contractants pourraient également convenir, un litige étant soulevé, de s'en remettre à elle pour le trancher. Celle-ci pourrait avoir en première instance une ou plusieurs Chambres dans chacun des Etats adhérents, ce qui permettrait d'avoir au premier degré une juridiction qui ne soit pas éloignée des plaideurs ou au moins de certains d'entr'eux. Au-dessus, on pourrait établir une Chambre d'appel qui rendrait une décision en dernier ressort. Cette sentence émanant de hauts magistrats choisis dans divers pays pourrait avoir une très haute autorité morale et servir de précédent pour les diverses juridictions nationales. Ainsi se trouverait non pas sans doute supprimé, mais largement atténué le danger de conflit entre les jurisprudences nationales ou entre celles-ci et la jurisprudence de la Cour d'arbitrage. Enfin la compétence de cette Cour n'étant que facultative, il serait moins à craindre qu'elle se trouvât encombrée.

Cette solution, qui serait la plus modeste, serait sans doute la plus facile à réaliser et c'est probablement par là qu'il conviendrait de commencer. Il serait seulement indispensable que cette Cour fût organisée par les Etats pour qu'en prenant ses membres parmi de hauts magistrats on lui donnât une autorité particulière.

Une simple Cour d'arbitrage est sans doute quelque chose de bien modeste. Mais il ne faut pas se nourrir d'illusions. Il est déjà difficile dans un pays où les juridictions sont toutes sous l'empire d'une Cour suprême comme dans beaucoup de pays de l'Europe occidentale, d'arriver à une complète unité de jurisprudence. Cela est encore beaucoup plus difficile sur le terrain international. Toute œuvre humaine est imparfaite. Il est déjà utile d'avoir une législation identique. Pour le surplus, il faut moins compter sur des moyens mécaniques pour assurer l'unité que pour le développement des relations et de l'esprit international. Connaître facilement les jurisprudences étrangères qui se forment sur les mêmes textes, avoir une doctrine étendue sur ces textes internationaux sont des éléments importants d'unification. Sans doute une juridiction internationale d'arbitrage peut y contribuer, mais il ne faut pas compter trop sur elle.

Quel que soit le rôle d'une juridiction internationale, il faudrait admettre que ses décisions auront force exécutoire de plein droit dans tous les Etats adhérents (1). Ce

(1) Rappr. sur l'arbitrage qui a eu lieu à l'étranger, WEISS, *Traité de droit international privé*, VI, 2e éd., p. 29 et suiv. et les auteurs cités.

serait une grande simplification pratique, tant au point de vue des lenteurs que des frais, que de dispenser ici de toute demande d'exequatur. Cette solution ne présenterait rien d'excessif (1). Une décision rendue sur des textes adoptés par les divers Etats et par une juridiction à l'organisation de laquelle chacun a contribué, se présente dans de toutes autres conditions qu'une décision étrangère quelconque. Il n'y a pas à avoir les mêmes craintes qu'elle contienne des solutions contraires à l'ordre public ou que la Cour se soit déclarée à tort compétente (2).

On ne peut même faire l'objection de principe que les autorités d'un Etat ne peuvent exécuter les décisions d'un juge étranger, car cette juridiction internationale n'est pas complètement étrangère à l'Etat qui participe à son organisation.

Quant à l'organisation même d'une Cour internationale, quelle que soit l'étendue de sa compétence, on peut dire que, quant au principe même, des progrès importants ont

---

(1) Observons que déjà la Convention de Berne de 1890 sur les transports par chemin de fer (art. 50 devenu art. 55 de la Convention de 1924) déclare que « les jugements rendus contradictoirement ou par défaut par le juge compétent en vertu des dispositions de la présente convention devenus exécutoires d'après les lois appliquées par ce juge, deviennent exécutoires dans chacun des autres Etats contractants aussitôt après l'accomplissement des formalités prescrites par cet Etat. La revision du fonds de l'affaire n'est pas admise ». Ceci peut donner lieu à cette remarque que les Etats, qui sont en relations telles qu'ils ont pu unifier leur législation sur certains points, doivent avoir une confiance suffisante pour ne pas examiner le fonds des décisions rendues sur cette législation unifiée.

(2) Rappr. sur les décisions de juridictions qui ne sont pas complètement étrangères : juridictions de pays protégés, des tribunaux mixtes d'Egypte, WEISS, *op. cit.*, p. 20 et suiv., et la bibliographie citée.

été réalisés dans les faits et dans les idées depuis un certain nombre d'années.

Je rappelle pour mémoire la constitution de la Cour permanente de Justice internationale en 1920 et les projets de constitution d'une Cour de justice criminelle internationale (v. p. 179). Si nous nous limitons au domaine des affaires civiles et commerciales, il faut signaler en 1877 la création, à la suite d'une entente internationale, des tribunaux mixtes d'Egypte qui constituent une juridiction relevant du souverain d'Egypte, mais internationale par sa composition : les magistrats qui y siègent appartenant en partie aux juridictions d'Egypte et en partie aux tribunaux des divers pays qui ont participé à la création des juridictions mixtes. L'Egypte offre donc un exemple très intéressant. Des magistrats de divers pays y collaborent depuis un demi-siècle à l'administration de la justice pour les procès entre étrangers de diverses nationalités ou entre étrangers et Egyptiens et cette expérience a été très satisfaisante.

Un second essai de juridiction internationale se poursuit depuis quelques années. L'art. 304 du Traité de Versailles imité sur ce point par les autres traités qui ont mis fin à la Grande Guerre a créé des tribunaux arbitraux mixtes qui doivent trancher certains litiges entre les ressortissants des anciens pays ennemis. Chacun de ces tribunaux comprend trois membres : un juge de la nationalité de chacun des plaideurs et un jurisconsulte neutre qui a la présidence.

On peut rapprocher du projet que nous préconisons celui rédigé par l'Institut américain de droit international en 1924 et présenté au Comité directeur de l'Union panaméricaine le 2 mars 1925. Il prévoit la création d'une Cour panaméricaine de justice. Elle aurait pour objet l'interprétation des traités, l'appréciation de l'existence de faits constituant la violation d'un engagement international, la fixation de la nature et de l'étendue des réparations dues en pareil cas et enfin l'interprétation de ses propres sentences. Elle pourrait en outre connaître de tous les différends, de quelque nature qu'ils soient, qui lui seraient soumis par une Convention générale des parties. Le texte gardant le silence sur ce point, on peut se demander si cette compétence viserait uniquement les litiges entre Etats ou si elle ne s'étendrait pas aux litiges entre particuliers.

On peut donc dire qu'à notre époque on est familiarisé avec des juridictions comprenant des magistrats de différents pays.

L'organisation même de la Cour exigerait des magistrats nommés par les différents Etats. La présidence pourrait être donnée alternativement aux représentants de différents pays. Il n'y aurait là aucune difficulté grave.

Il sera nécessaire également de déterminer la procédure à suivre. Pour cela la Cour même pourrait préparer le règlement applicable. Mais la question des langues à employer pour la procédure pourra être plus délicate. L'emploi d'une seule langue pourrait être une cause de difficultés. Il sera possible, si le nombre des Etats ayant organisé le tribunal n'est pas trop considérable, de permettre de plaider et de rédiger la procédure dans une quelconque des langues des pays adhérents. Il suffira d'exiger que les magistrats connaissent ces quelques langues. Si le nombre des Etats adhérents est plus considérable, il sera sans doute nécessaire de n'admettre qu'un certain nombre de langues pour la procédure et les plaidoiries. Les magistrats devraient alors être choisis parmi des jurisconsultes connaissant ces diverses langues.

L'organisation d'une Cour internationale soulèverait donc des difficultés multiples qu'il était nécessaire de faire apercevoir. Ce n'est pas une raison pour négliger le problème. C'est en en approfondissant les données, en voyant de près les exigences pratiques qu'on pourra peu à peu le rapprocher de sa solution.

La difficulté d'organiser une juridiction internationale pour assurer l'unité de la jurisprudence donne plus d'intérêt au second mode possible pour maintenir l'unité du droit tout en s'adaptant aux nécessités pratiques. La revision des textes à certains intervalles apparaît comme une nécessité. Les interprètes de la loi peuvent constater qu'elle aboutit à des résultats peu satisfaisants. En outre certains Etats, sur la réclamation de leurs nationaux, peuvent demander que cette loi commune soit modifiée et complétée.

Cette revision est tellement nécessaire que déjà en certaines matières, pour les Conventions postales, les Conventions pour les transports par chemins de fer, la revision périodique a été prévue et en même temps des Conférences exceptionnelles sont possibles si un nombre suffisant d'Etats le demandent. Des revisions périodiques à des intervalles assez éloignés seraient suffisantes, les textes de droit privé exigeant en général des changements moins rapides que ceux contenant des dispositions administratives. Une organisation internationale comme l'Institut de droit privé de Rome serait tout indiquée pour prendre l'initiative de convoquer des réunions internationales périodiques ou exceptionnelles sur la demande de certains Etats.

S'il était établi une Cour de Justice internationale, elle semblerait indiquée pour faire périodiquement un rapport sur les points où elle a constaté l'insuffisance des textes. D'autre part il faudrait que les Etats nomment une Commission commune pour préparer avec des magistrats de la Cour internationale les textes nouveaux à faire adopter définitivement.

Ces points ont d'autant plus d'importance qu'à mesure que la législation internationale se développera, il faudra se préoccuper de son alourdissement possible en face de transformations économiques et sociales qui soulèvent de nouveaux problèmes. Résultant généralement de transactions entre lois diverses, il ne faut pas qu'elle reste dans un état de stagnation, rien de particulier n'étant prévu pour sa modification qui forcément est chose plus complexe que celle d'une loi nationale. Sinon elle risquerait d'être un obstacle au progrès. C'est d'ailleurs un fait général à observer. A mesure que l'humanité découvre des instruments plus perfectionnés pour atteindre les buts qu'elle poursuit, elle se trouve en présence d'œuvres plus délicates qui exigent plus de soin et d'attention pour fournir longtemps un service convenable. Les efforts qui ont été faits ou qui seront faits pour l'unification internationale du droit répondent à un besoin de l'homme : celui de sécurité et de façon plus précise, c'est par la simplification que celle-ci est poursuivie. Mais les résultats que l'on obtiendra se heurtent à un formidable obstacle : le besoin d'évolution. Il est important d'en tenir compte.

Il semble que dans le domaine du droit deux genres de travaux s'imposent alternativement suivant une sorte de rythme. Il faut que l'on s'efforce de donner à chaque difficulté la solution qui lui convient. On y parvient par une législation détaillée, par une jurisprudence qui sait peser les intérêts en présence. Mais à la complexité qui résulte de ce travail de détail doit succéder une revision nécessitée par un besoin de clarté, par le désir d'éliminer les disparates, les contradictions inutiles. La première phase répond en partie à des nécessités objectives, la seconde s'adapte à l'esprit humain qui désire classer, qui aspire à la clarté.

Si le monde juridique reculait devant le travail sans doute énorme de perfectionnement nécessaire pour tenir la législation unifiée au niveau nécessaire, il manquerait en partie à son œuvre de civilisation. Toute civilisation forte doit se sentir assez d'énergie pour ne pas se refuser au travail étendu qui s'offre à elle, cette œuvre dut-elle rester incomplète.

Pour conclure et résumer les idées que j'ai cherché à dégager, l'unification du droit privé si on observe les faits actuels n'est nullement une utopie comme pourrait le faire croire un examen superficiel. Elle est possible dans une certaine mesure si les Gouvernants savent classer les intérêts en présence : leur tendance à l'autonomie et l'intérêt à faciliter le commerce international. Sans doute à mesure qu'il s'agira de rapprocher plus de législations, l'effort deviendra plus difficile à réaliser, mais il faut ici comme ailleurs passer du moins complexe au plus complexe : il faut internationaliser d'abord les législations qui diffèrent le moins. Il faut aussi ne pas oublier que les lois restent toujours un moyen imparfait pour encadrer harmonieusement et utilement ces efforts dispersés, justifiés ou non qui constituent la vie sociale. Mais ce n'est pas une raison pour ne pas tenter un effort avec prudence. Toute œuvre humaine reste imparfaite. Mais les peuples qui s'élèvent sont ceux qui font les efforts les plus suivis pour réaliser des conciliations entre des tendances diverses et tirer de chacune le plus qu'elle peut donner sans sacrifier une tendance opposée. Dans cette lutte pénible pour arracher des lambeaux d'améliorations, un succès partiel est déjà un résultat important.

En cherchant la vie et la mesure de l'unification, nous ne cherchons pas non plus le semblable, l'identique pour lui-même. Les civilisations, les Etats doivent s'adapter à leurs particularités. Même si de grands courants viennent à parcourir l'humanité sur certains points, ils peuvent se traduire par des législations simplement voisines. Il faut respecter l'humanité dans une certaine autonomie réfléchie, il faut chercher à l'encadrer dans une unité complète que pour un plus grand développement commode des relations internationales.

ANNEXE

Statuts de l'Institut International pour l'unification du droit privé de Rome

approuvés par le Conseil de la Société des Nations

Article 1 *(Siège)*

L'Institut international pour l'Unification du Droit privé a son siège à Rome.

Article 2 *(Buts)*

L'Institut a pour objet d'étudier les moyens d'harmoniser et de coordonner le droit privé entre les Etats ou entre des groupes d'Etats, et de préparer graduellement l'adoption par les divers Etats d'une législation de droit privé uniforme. Ces travaux se poursuivront sous la direction de la Société des Nations en connexion avec la Commission de coopération intellectuelle et les organisations techniques de la S. D. N.

Article 3 *(Organes)*

Les organes de l'Institut sont : 1° le Conseil de direction ; 2° le Comité permanent ; 3° le Secrétariat.

Article 4 *(Constitution)*

Le Conseil de direction comprend un Président et dix membres, autant que possible de nationalités différentes. Ils sont nommés par le Conseil de la Société des Nations ; le membre italien est de droit Président du Conseil de direction.

Le Secrétaire général sera nommé par le Conseil de direction. La première nomination du Secrétaire général se fera sur présentation du Président du Conseil de direction.

Les membres élus resteront en fonctions pendant cinq ans et seront rééligibles une fois. Le Secrétaire est nommé pour une période de sept ans et sera rééligible également une fois.

ARTICLE 5 *(Comité permanent et Conseil d'administration)*

Le Conseil de direction nomme parmi ses membres un Comité permanent, composé du Président du Conseil de direction et de cinq membres appartenant à cinq nationalités différentes.

ARTICLE 6 *(Secrétariat)*

Le Secrétariat se compose d'un Secrétaire général nommé comme il a été dit à l'article 4 et de deux adjoints appartenant à des nationalités différentes, nommés également par le Conseil de direction.

ARTICLE 7 *(Droit d'initiative)*

Le Conseil de direction établit les arguments qui doivent faire l'objet des travaux. Tout Etat, de même que les organismes de la S. D. N., par l'intermédiaire du Conseil de la S. D. N. ou toute association juridique internationale peut formuler des propositions, en vue de l'étude des questions relevant de l'unification, de l'harmonisation ou de la coordination du droit privé.

Le Conseil de direction décide de la suite à donner aux propositions ainsi formulées.

ARTICLE 8 *(Commissions d'études)*

Le Conseil de direction peut déférer l'examen des questions spéciales à des Commissions de juristes particulièrement versés dans l'étude desdites questions.

ARTICLE 9 *(Approbation des projets)*

Le Conseil de direction approuve les propositions qui ont fait l'objet de ses études.

Les propositions et les projets approuvés par le Conseil de direction sont transmis au Secrétariat de la Société des Nations.

Article 10 *(Conférences internationales)*

Le Conseil de direction peut également prendre l'initiative d'attirer l'attention du Conseil de la Société des Nations sur l'opportunité de convoquer des conférences internationales pour l'étude de certaines questions.

Article 11 *(Bibliothèque, propagande et publications)*

L'Institut possédera une bibliothèque placée sous la direction du Secrétaire général.

L'Institut organisera des conférences, il publiera les actes concernant ses travaux et pourra faire paraître les études qu'il juge dignes d'une large diffusion.

Article 12 *(Dépenses)*

Les indemnités des membres du Conseil de direction et les émoluments du personnel du Secrétariat, ainsi que les dépenses administratives, seront à la charge du budget de l'Institut.

Article 13 *(Langues officielles)*

Les langues officielles de l'Institut sont l'italien, le français, l'anglais, l'espagnol et l'allemand.

Article 14 *(Règlement intérieur)*

Les règles relatives à l'administration de l'Institut et à son fonctionnement intérieur, seront établies par le Conseil de direction de l'Institut, et devront être approuvées par le Conseil de la S. D. N. et communiquées à l'Assemblée de la S. D. N. et au Gouvernement Italien.

Article 15 *(Modification du Statut)*

Le présent Statut pourra être modifié par le Conseil de la S. D. N. d'accord avec le Gouvernement Italien.

TABLE DES MATIÈRES

PREMIÈRE PARTIE

L'histoire des tentatives d'unification internationale du droit

DEUXIÈME PARTIE

Le problème actuel de l'unification internationale du droit

BAR-SUR-SEINE, IMP. SAILLARD. — L. GOUSSARD, SUCC[r]

www.ingramcontent.com/pod-product-compliance
Ingram Content Group UK Ltd.
Pitfield, Milton Keynes, MK11 3LW, UK
UKHW022016170726
13837UKWH00001B/213

9 782329 180960